Los Fenicios

Una Guía Fascinante sobre la Historia de Fenicia y el Impacto de una de las Mayores Civilizaciones Comerciantes del Mundo Antiguo

© Copyright 2020

Todos los derechos reservados. Ninguna parte de este libro puede ser reproducida de ninguna forma sin el permiso escrito del autor. Los revisores pueden citar breves pasajes en las reseñas.

Descargo de responsabilidad: Ninguna parte de esta publicación puede ser reproducida o transmitida de ninguna forma o por ningún medio, mecánico o electrónico, incluyendo fotocopias o grabaciones, o por ningún sistema de almacenamiento y recuperación de información, o transmitida por correo electrónico sin permiso escrito del editor.

Si bien se ha hecho todo lo posible por verificar la información proporcionada en esta publicación, ni el autor ni el editor asumen responsabilidad alguna por los errores, omisiones o interpretaciones contrarias al tema aquí tratado.

Este libro es solo para fines de entretenimiento. Las opiniones expresadas son únicamente las del autor y no deben tomarse como instrucciones u órdenes de expertos. El lector es responsable de sus propias acciones.

La adhesión a todas las leyes y regulaciones aplicables, incluyendo las leyes internacionales, federales, estatales y locales que rigen la concesión de licencias profesionales, las prácticas comerciales, la publicidad y todos los demás aspectos de la realización de negocios en los EE. UU., Canadá, Reino Unido o cualquier otra jurisdicción es responsabilidad exclusiva del comprador o del lector.

Ni el autor ni el editor asumen responsabilidad alguna en nombre del comprador o lector de estos materiales. Cualquier desaire percibido de cualquier individuo u organización es puramente involuntario.

Contents

INTRODUCCIÓN – ¿QUIÉNES ERAN LOS FENICIOS? 1
CAPÍTULO 1 - ORÍGENES..3
CAPÍTULO 2 - EL MUNDO DE LOS FENICIOS..9
CAPÍTULO 3 - ESTRUCTURAS POLÍTICAS Y LEGALES 15
CAPÍTULO 4 - VIDA COTIDIANA..24
CAPÍTULO 5 - BELLEZA Y VESTIMENTA...32
CAPÍTULO 6 - UNA HISTORIA TEMPRANA NO ESCRITA 41
- LA EDAD DE BRONCE TARDÍA (1550 AL 1200 A. C.)...............44
- LA EDAD DE HIERRO I (1200 AL 900 A. C.)............................44
- LA EDAD DE HIERRO II (900 AL 586 A. C.) 44
- EL PERÍODO BABILÓNICO (586 AL 539 A. C.) 44
- EL PERÍODO PERSA (539 AL 332 A. C.) 44
- EL PERÍODO HELENÍSTICO (332 AL 63 A. C.) 44
- EL PERÍODO ROMANO (63 A. C. AL 324 D. C.) 44
CAPÍTULO 7 - VASALLOS DE LOS IMPERIOS 50
CAPÍTULO 8 - COMERCIO Y ECONOMÍA 61
CAPÍTULO 9 - LENGUA Y ALFABETO...76
CAPÍTULO 10 - RELIGIÓN 84
CAPÍTULO 11 - LA GUERRA..91

CAPÍTULO 12 - ARTE EN MÚLTIPLES MEDIOS...99
CONCLUSIÓN: EL LEGADO DE LOS FENICIOS 107
BIBLIOGRAFÍA...110

Introducción – ¿Quiénes eran los fenicios?

Los fenicios siguen siendo una de las civilizaciones antiguas más enigmáticas, que suscitan la especulación y las conjeturas de historiadores y eruditos. Aunque muchos escritores griegos, romanos y egipcios hacen referencia a los fenicios en los documentos comerciales, las batallas militares y las transacciones artísticas, los propios fenicios dejaron pocos registros, otorgando a los eruditos modernos el rol de completar los espacios en blanco con conjeturas.

La percepción antigua sobre esta civilización es mixta. Por cada escritor como Pomponius Mela que prodigaba elogios a los fenicios, había otro que se burlaba de ellos y los consideraba como tramposos y vendedores ambulantes que mantenían bloqueado el comercio de otros estados a través de redes de dominio y negocios ridículos. Mela los describía así: "Los fenicios eran una raza inteligente, que prosperó en la guerra y la paz. Destacaron en escritura y literatura, y en otras artes, en náutica y en gobernar un imperio".

Si diseccionamos la cita de Mela, nos damos cuenta de que los fenicios fueron grandes escritores, pero casi no dejaron documentos. Puede que fueran excelentes marineros y comandantes navales, pero no construyeron ningún imperio territorial. Fueron artistas estelares, pero su trabajo contiene pocos elementos originales. Es posible que hayan sido constructores inteligentes, pero sus monumentos se derrumbaron. Y los fenicios eran una sola civilización, pero estaban divididos en ciudades-estado.

¿Cómo una civilización con tantas contradicciones pudo haber existido, y cómo pueden los historiadores modernos utilizar evidencia que parece que ya no existe para descubrir la verdad?

¿Quiénes eran los enigmáticos fenicios, por qué se derrumbó su civilización y por qué debería importarle al público moderno?

Abra este libro para averiguarlo.

Capítulo 1 – Orígenes

El origen de la civilización fenicia había sido durante mucho tiempo un misterio para aquellos que no pertenecían a ella debido al secretismo con el que se conducían los famosos comerciantes. Herodoto, un famoso historiador griego, escribió una vez, alrededor del 440 a. C., que los fenicios eran un pueblo que abandonó las orillas del mar Eritreo y eligió establecerse alrededor del Mediterráneo.[1] A partir de ahí, distribuyeron sus mercancías entre las poblaciones locales, creando una de las civilizaciones comerciales más grandes de la historia.

Herodoto y muchos otros griegos creían que los fenicios provienen de alguna región cerca del mar Eritreo, que era una designación para el noroeste del océano Índico, alrededor del golfo de Adén. Esto habría significado que los fenicios vinieron de Yemen o Somalia, aunque Herodoto más tarde sostendría que provenían de Bahréin.[2] Otro historiador griego, Estrabón, reiteraría la creencia de que los fenicios procedían de Bahréin. Sin embargo, los arqueólogos no han podido descubrir evidencias de algún tipo de ocupación humana a gran escala en esta región, en el momento en que debería haber

---

[1] Las fechas se refieren utilizando el Sistema de Antes de Cristo (a. C) y después de Cristo (d. C)

[2] En la actualidad, Bahréin es una isla-nación en el golfo Pérsico.

tenido lugar la migración: 2200 a. C. a 1600 a. C. En cambio, la mayoría de las ciudades-estado estaban ubicadas en el Líbano contemporáneo, que está por encima del Israel moderno en la costa oriental del mar Mediterráneo.

La gente de la ciudad de Tiro, en el sur del Líbano, mantiene vínculos con los fenicios, y con frecuencia reclama las similitudes entre los nombres "Tylos", el nombre antiguo de Bahréin, y "Tiro". También señalan similitudes entre la cultura del golfo Pérsico y la cultura de los fenicios. Estas afirmaciones tienen cierto respaldo científico, ya que los estudios genéticos han llevado a algunos científicos a concluir que existe una fuerte evidencia de que los fenicios eran étnicamente del Líbano. Estos indicios se pueden encontrar en estudios genéticos detallados que examinan los fragmentos de ADN existentes en los esqueletos.

Estudios genéticos

Los científicos han recorrido un largo camino en el campo de la genética y, a menudo, trabajan junto con expertos en humanidades para resolver preguntas sin respuesta sobre los pueblos antiguos. Utilizando ADN extraído directamente de los esqueletos, los genetistas pueden extraer información sobre civilizaciones como los fenicios, como su procedencia, nutrición, dieta y salud. En 2008, un estudio publicado por Pierre Zalloua y su equipo de científicos reveló una posible conexión entre los fenicios y las poblaciones masculinas contemporáneas en el Líbano y otras regiones del Levante.

También hubo distintas similitudes entre el ADN fenicio antiguo y las muestras tomadas de individuos nativos del sur de Turquía, Malta, Sicilia, Marruecos, España, Cerdeña, Ibiza y Túnez. Estos resultados hicieron que el equipo concluyera que los fenicios probablemente procedían del Líbano porque poseían una firma genética distinta llamada haplogrupo J2. La presencia de similitudes en otras regiones se consideró indicativa de la expansión fenicia a través del mar Mediterráneo tras el ascenso de su civilización.[3]

En 2013, Zalloua dirigió otro estudio, esta vez incluyendo en la muestra más comunidades geográficas para determinar si ciertos grupos poseían o no una tasa más alta de lo que se denominó la "firma fenicia", o una secuencia de ADN y genes distintos que parecían tener su origen en la civilización fenicia. En algunas comunidades, esta "firma" aparecía más a menudo, lo que llevó a Zalloua y sus colegas a concluir que Líbano, la ubicación de origen de los fenicios, ya poseía en aquél entonces una población diversa formada por "comunidades bien diferenciadas con sus propias peculiaridades genéticas" sobre las que luego se reflejaron las divisiones religiosas y culturales. En resumen, los fenicios no representaban una población homogénea del Líbano, sino un grupo étnico particular que saltó a la fama y finalmente unificó la región, permitiendo que la firma fenicia se extendiera a nuevas regiones.

Otros estudios llevados a cabo en las dos últimas décadas produjeron resultados similares, pero también identificaron a los parientes supervivientes más cercanos de los antiguos fenicios mediante la identificación de similitudes genéticas. El grupo étnico contemporáneo más cercano a los fenicios son los semitas levantinos, una categoría que incluye un amplio espectro de individuos libaneses, judíos, palestinos y sirios. También hay una notable similitud genética, a veces hasta un noventa por ciento, entre la población libanesa moderna y los sidonios de la Edad del Bronce. Los sidonios eran fenicios de la ciudad-estado de Sidón, que estaba al norte de Tiro. Eran famosos productores de vidrio.

Sin embargo, descubrir tal información, aunque revela detalles fascinantes sobre la genética y el movimiento de la población, dice poco sobre los fenicios como cultura. Para encontrar esta información

---

[3]Pierre A. Zalloua, Daniel E. Platt, Mirvat El Sibai, Jade Khalife, et al. "Identifying Genetic Traces of Historical Expansions: Phoenician Footprints in the Mediterranean".

y comprender los orígenes de la otrora gran civilización comercial, uno tiene que ver quiénes eran los fenicios como sociedad. La respuesta es que eran cananeos

Un Antepasado Cultural

De dondequiera que vinieran los fenicios, en última instancia eran una rama de los cananeos. Aunque la mayoría de la gente asocia a los cananeos con el estado de Canaán, el término se refiere a una serie de pueblos y poblaciones indígenas que vivían en un área del antiguo Cercano Oriente llamada Levante. El Levante es un término geográfico histórico que se utiliza para referirse a un gran segmento del Mediterráneo Oriental. Incluye principalmente lo que el público moderno llama Líbano, Siria, Jordania, Israel y Palestina.

Los cananeos eran pueblos de habla semítica con una cultura única derivada de las antiguas tradiciones y prácticas religiosas mesopotámicas. Había muchos grupos diferentes que podían considerarse cananeos sin dejar de mantener sus propias diferencias étnicas y culturales. Un arqueólogo, Jonathan N. Tubb, lo describiría así "los amonitas, moabitas, israelitas y fenicios indudablemente lograron sus propias identidades culturales y, sin embargo, étnicamente todos eran cananeos". Ser cananeo no era formar parte de un monolito; significaba forjar una identidad única propia mientras se compartía algunas similitudes culturales con los otros grupos de habla semítica del Levante.

Como unidad, los cananeos se vieron obligados a hacerse un nicho único en el mundo antiguo porque vivían en una región árida rodeada de enemigos poderosos como los egipcios, asirios, babilonios, acadios e incluso minoicos de Creta. Crear una patria fue difícil y un ejército estable era difícil de alimentar y mantener mientras se desplazaba. Eventualmente, los cananeos descubrieron que operaban bien como intermediarios entre otras civilizaciones y se convirtieron en comerciantes, transportando mercancías de un lugar a otro y obteniendo grandes beneficios.

Mantener el poder siempre sería una lucha. Los cananeos estaban plagados por cambios climáticos y problemas como la sequía y el hambre dificultaban el comercio y la capacidad de alimentarse de la población. Durante miles de años, la gente se mantuvo en movimiento, tratando de encontrar un lugar donde poder mantenerse. Estuvieron presentes durante el infame Colapso de la Edad del Bronce, que fue cuando muchas de las poderosas civilizaciones de la Edad del Bronce, el período de la historia de la humanidad en el que las culturas descubrieron cómo fabricar armas y herramientas de bronce, de repente entraron en una era oscura. Durante el Colapso de la Edad del Bronce, las civilizaciones murieron de hambre y lucharon entre sí, potencialmente debido al cambio climático y a la llegada de un enemigo extranjero conocido como los Pueblos del Mar.

Pero, ¿qué significó para los fenicios ser cananeos?

Como cananeos, los fenicios heredaron una rica cultura arraigada en las tradiciones de Mesopotamia. La civilización hablaba una lengua semítica, o una variación de la familia de lenguas afroasiáticas que se originó en el Medio Oriente y que compartían muchas otras civilizaciones. Un ejemplo contemporáneo de lengua semítica sería el árabe, que se originó en la misma región y evolucionó con el tiempo de las antiguas lenguas semíticas a lo que es hoy. Esto les dio a los fenicios algunas similitudes culturales con sus vecinos al tiempo que les aseguraba que se mantuvieran al margen de socios comerciales como los griegos y los egipcios.

Como cananeos, los fenicios heredaron una rica cultura arraigada en las tradiciones de Mesopotamia. La civilización hablaba una lengua semítica, o una variación de la familia de lenguas afroasiáticas que se originó en el Medio Oriente y que compartían muchas otras civilizaciones. Un ejemplo contemporáneo de lengua semítica sería el árabe, que se originó en la misma región y evolucionó con el tiempo de las antiguas lenguas semíticas a lo que es hoy. Esto les dio a los fenicios algunas similitudes culturales con sus vecinos al tiempo que les mantenía separados de socios comerciales como los griegos y los egipcios.

Los fenicios también heredarían la religión mesopotámica, que era politeísta y tenía sus raíces en el tribalismo y en múltiples culturas. Creían en un dios supremo que había logrado producir deidades menores y, a menudo, realizaban ritos y rituales religiosos destinados a impulsar la agricultura, la riqueza y la salud. Tenían un sacerdocio y una mitología que compartían con sus otros vecinos cananeos, incluidos los israelitas. Cada región tendía a adorar a un dios diferente por encima de todos los demás, lo que agregaba nuevas complejidades a la mezcla.

Finalmente, los fenicios heredaron las normas sociales cananeas. Esto significaba que tendían a vestirse con modestia, tenían roles de género extremos para hombres y mujeres, construían sus hogares utilizando métodos tradicionales y moldeaban su sociedad en torno a ciudades-estado llenas de poderosos nobles. Aunque los cananeos tienen una mala reputación entre muchos seguidores de las religiones abrahámicas debido a su descripción en los libros sagrados, en realidad eran una cultura complicada centrada en tratar de sobrevivir en un mundo severo. Los fenicios cargarían con este legado mientras se labraron una poderosa reputación en el mundo antiguo como los mejores y más astutos comerciantes que la historia haya visto.

Capítulo 2 – El Mundo de los Fenicios

Para comprender la red comercial masiva y las relaciones interestatales cultivadas por esta civilización única, los lectores deben comprender qué constituía el mundo en ese momento. Aunque muchos pueblos antiguos sabían de la existencia de algo más grande que ellos mismos, es probable que ninguno pudiera hacerse una idea de la enormidad del planeta. En cambio, su mundo consistía en el mar Mediterráneo, partes del sur de Europa, norte de África y Asia occidental. Los fenicios fueron a lugares clave en cada uno de estos continentes y establecieron ciudades desde las que comerciar, formando un estado pequeño, pero expansivo.

Los fenicios comenzaron su civilización en una región fértil y desarrollada conocida como el Levante. El Levante fue una de las cunas originales de la civilización e incluía a la mayoría de lo que los contemporáneos ahora consideran el Medio Oriente. Los fenicios se asentaron a lo largo de la costa mediterránea, pero también tenían un territorio que se expandió por todo el Líbano moderno. Esta tierra era excelente para la agricultura e incluía grandes bosques de cedros que proporcionaban madera para hogares y barcos.

El territorio fenicio central existía en una posición envidiable y, por tanto, era atacado regularmente por los estados vecinos. El territorio abarcaba varios pasajes notables utilizados para el comercio entre Asia y África. Conquistadores, reyes y señores de la guerra, todos querían controlar la región porque significaría una riqueza incalculable y numerosas ventajas políticas al intentar subyugar a los rivales.

Aunque Fenicia se hizo conocida por su armada, su gente aún necesitaba estar protegida de los ataques terrestres. Con el tiempo, en cada asentamiento individual se desarrollaron fuertes fortificaciones militares y robustas. Los ejércitos de las ciudades-estado solían trabajar juntos, pero aún eran entidades separadas bajo el control de una variedad de generales locales. Aunque los militares nunca alcanzaron las alturas de las civilizaciones mediterráneas más poderosas, los fenicios tenían una ventaja, ya que eran una civilización incipiente que no surgió hasta el final de la Edad del Bronce, lo que les permitió hacer la transición de su cultura y sociedad más fácilmente que otras civilizaciones establecidas en la Edad del Hierro.

La Edad del Hierro del antiguo Cercano Oriente comenzó alrededor del 1300 a. C. y se refiere al período de tiempo en el que los humanos aprendieron a crear y usar hierro para fabricar utensilios herramientas y armas. Los fenicios surgieron por primera vez como una cultura distinta cuando las otras civilizaciones en el Levante experimentaron un colapso social que eliminó a la mayoría del poder estatal y dejó territorios que eran básicamente regalos para cualquiera que pudiera manejar los numerosos asaltantes y los misteriosos Pueblos del Mar.

Habiendo surgido justo antes de la Edad del Hierro, los fenicios heredaron gran parte de la tecnología y los desarrollos sociales de sus predecesores, incluidos los cananeos. Poder usar estos elementos en combinación con la relativa debilidad de enemigos formalmente poderosos como Egipto les permitió labrarse una posición ventajosa a lo largo de la costa, desde la cual podían controlar el comercio desde ciudades-estado fuertemente fortificadas.

Sin embargo, los fenicios no obtendrían su monopolio sobre el comercio hasta después del colapso de la Edad del Bronce y, por lo tanto, se enfrentaron a muchas otras civilizaciones poderosas en la región que representaban amenazas inminentes para la seguridad y el éxito de la civilización fenicia. Estos eran los monstruos del antiguo Levante, grupos poderosos y peligrosos para los fenicios debido a su proximidad. Los más importantes fueron los asirios, griegos, egipcios, babilonios y persas, que aparecerían en diferentes momentos a lo largo de la vida de la civilización fenicia.

Ciudades-Estado influyentes

Debido a que los fenicios estaban tan dispersos, poseían numerosas ciudades-estado que formaban parte esencial de sus intrincadas redes comerciales marítimas. En total, los arqueólogos han descubierto alrededor de ochenta ciudades-estado separadas esparcidas por una región diversa. Las ciudades-estado más importantes se encontraban en la región del Líbano, donde se originaron los fenicios. Otros asentamientos influyentes se pueden encontrar en Argelia, Chipre, Italia, Libia, Malta, España, Túnez, Turquía y Marruecos. Los historiadores también creen que los fenicios controlaban ciertos puertos en Portugal y Grecia, incluida Lisboa.

Tiro

Tiro era una ciudad-estado insular con sede en la costa del Líbano. Fue construido por gobernantes que usaron tierra, arena y rocas de las playas cercanas para llenar el espacio entre dos arrecifes, creando un lugar en el que se podría construir la ciudad. Con el tiempo, los gobernantes continuaron agrandando y expandiendo el territorio, creando lo que debería haber sido uno de los lugares más defendibles del Mediterráneo. Desafortunadamente, la arrogancia de la monarquía de Tiro llevó a que Alejandro Magno saqueara la ciudad en el siglo IV a. C., lo que provocó la pérdida de la mayor parte de la ciudad.

Tiro era influyente como puerto para el comercio, pero dependía en gran medida del continente para mantenerse abastecido de materiales de construcción, alimentos y agua dulce. Los barcos viajaban de la isla a la costa para abastecerse, y la ciudad controlaba las tierras cultivables cercanas para la agricultura y la ganadería. Dentro de los muros de Tiro, los lugareños recolectaban agua de lluvia en cisternas y se dedicaban a una variedad de artesanías, incluida la fabricación de tintes, la producción de cerámica y la fabricación de joyas.

Byblos

Byblos era un puerto marítimo y una ciudad importante en la base de las montañas libanesas que se especializaba en la creación y exportación de rollos de papiro. La ubicación se estableció originalmente en el período neolítico y fue una de las ciudades fenicias más antiguas y duraderas. Fue conquistada y convertida en estado vasallo por los invasores varias veces a lo largo de su historia, pero sirvió como la joya central de la corona fenicia del comercio durante muchos siglos durante la edad de oro fenicia. Había mucho acceso a agua dulce y cobre, lo que hacía de este un centro urbano rico en recursos y lleno de artesanos que se beneficiaban del trabajo de los agricultores y pastores cercanos.

Sidón

Sidón era otra ciudad-estado ubicada en el Líbano actual que sirvió como un puerto marítimo para el comercio. Había estado ocupada desde el período Neolítico y se destacaba de otros centros urbanos por tener acceso a frondosos bosques de madera de cedro, tierras del interior y fértiles territorios agrícolas. Teñir era una actividad popular porque la ciudad estaba cerca de una cala donde los buzos podían localizar caracoles, que eran necesarios para hacer un tinte púrpura lujoso y único. En la época contemporánea, Sidón es bien conocida en los círculos arqueológicos por tener algunas de las tumbas y cementerios mejor conservados, lo que proporciona una visión muy necesaria de los rituales de los fenicios y su visión del más allá.

Cartago

Cartago es una de las ciudades-estado de las que muchos han oído hablar debido a su famosa rivalidad con Roma, pero comenzó como una colonia de Tiro en el norte de África (en la actual Túnez) que eventualmente se convirtió en una poderosa ciudad-estado. Cartago era fuertemente militarista, proporcionando a los fenicios armas y formidables elefantes de guerra. Sin embargo, la gente también hizo cerámica, desarrolló su propio estilo de escritura y lenguaje, y produjo grandes cantidades de texto que se quemaría cuando Roma saqueara la ciudad.

Además de estos cuatro actores principales, había docenas de ciudades y colonias adicionales que formaban la masiva red comercial fenicia. La mayor parte de la evidencia sobre sus idas y venidas proviene de excavaciones arqueológicas, que pueden ubicar los esqueletos de templos y otros edificios importantes, así como artefactos claramente fenicios. Estas otras ubicaciones incluyen:

- Beirut
- Trípoli
- Sarepta
- Baalbek
- Hippo
- Icosium
- Marion
- Tharros
- Leptis Magna
- Callista
- Utica
- Lisbon
- Sexi

Sin duda, algunos de estos nombres les resultarán familiares a los lectores. Estos territorios se distribuyeron en un área amplia y abarcaron lugares como el norte de África, Chipre, Sicilia, la península ibérica, la actual Turquía, la actual Argelia y el actual Líbano.

Capítulo 3 – Estructuras Políticas y Legales

El primer paso para comprender las complejidades de una civilización con una historia poco conocida es echar un vistazo a lo que los eruditos sí saben. Para empezar, lo que sí entienden es cómo los fenicios llevaban a cabo su vida diaria y operaban sus ciudades-estado. Uno de los fundamentos subyacentes de cualquier civilización es su estructura política, una entidad que muchos historiadores antiguos creen que diferenció a los humanos de sus raíces de cazadores-recolectores y ayudó a desarrollar una sociedad basada en la agricultura.

La civilización fenicia no constaba de un solo estado, sino de varios poderes importantes que se organizaban en focos de influencia y comercio. Estas serían conocidas como las ciudades-estado, o entidades políticas que controlaban una ciudad importante y gran parte del territorio circundante a su alrededor. Otro ejemplo similar de este tipo de civilización serían los antiguos griegos, que operaban desde asentamientos individuales que controlaban las tierras agrícolas cercanas.

La Estructura Política: las Clases Sociales

La estructura política de la civilización fenicia variaba según la ubicación y adoptó las costumbres de vecinos y socios comerciales por igual. A lo largo de gran parte de la historia de la cultura, Fenicia estuvo dividida entre varias ciudades-estado independientes que compartían una cultura similar, pero mantenían el poder político dividido entre una serie de monarquías hereditarias. Las más famosas de estas ciudades-estado fueron los puertos comerciales como Tiro, Sidón y Biblos. Fenicia nunca se convirtió en una entidad política única, y los reyes ejercerían un control casi completo hasta la destrucción de la civilización.

Sin embargo, antes de su fin, el poder político se dividió debido a la presencia de múltiples clases sociales y familias influyentes. Si bien los monarcas eran los jefes de cada ciudad-estado, dependían de una administración para llevar a cabo el gobierno real del territorio. En la mayoría de los casos, los administradores del gobierno eran miembros de una clase de sacerdotes, así como importantes familias nobles. Los nobles podían proporcionar recursos como comida y soldados, lo que implicaba que a los monarcas les convenía tener buena relación con ellos. Si bien casi todas las familias nobles nacieron nobles, algunas personas lograron unirse a este rango de élite haciendo una fortuna en el comercio internacional.

Debido a que las ciudades-estado eran independientes entre sí, pero compartían una cultura similar, cooperaron para fomentar un poderoso imperio construido sobre el comercio. Muchos historiadores comparan a los fenicios con los antiguos griegos, que vivían en ciudades-estado como Atenas y Esparta, compartían una cultura y ocasionalmente se aliaban para defenderse de enemigos externos. Si bien los fenicios a veces unían sus ejércitos, las ciudades-estado enfatizaban la cooperación no tanto para la defensa sino para construir una potencia económica en el Levante y el cercano Mar Mediterráneo.

Las ciudades-estado independientes serían muy poderosas en diferentes momentos de la historia. La ciudad-estado con más recursos tenía, por tanto, más influencia política y poder en comparación con las demás. Esto significaba que la estructura política de Fenicia podía cambiar en función de qué región era la más rica o poseía más soldados. Por ejemplo, Sidón fue la ciudad-estado más poderosa entre los siglos XII y XI a. C. y, por lo tanto, pudo intimidar o coaccionar a las ciudades-estado cercanas de Tiro y Biblos para que hicieran lo que ellos querían. En el siglo X a. C., Tiro se convirtió en el más poderoso. Aunque las ciudades-estado fenicias evitaban hacer alianzas formales, no dejaban de hacer acuerdos informales estructurados en torno a la fuerza y el comercio omnipresente.

Cuando se trataba de política exterior, las ciudades-estado eran totalmente independientes. Fenicia no tenía un solo gobernante o consejo reconocido, por lo que lugares como Sidón y Tiro podían elegir ayudar a los aliados que quisieran. Si el monarca de uno deseaba ayudar a los griegos, por ejemplo, podía hacerlo. Si no quería, ningún poder político lo presionaría para unirse a un esfuerzo de guerra. Esto se pudo ver a lo largo de la historia de Fenicia. El mejor ejemplo es durante la famosa guerra entre Grecia y Persia cuando cada ciudad-estado en Fenicia eligió gradualmente ayudar a Jerjes enviando barcos para reforzar la armada del emperador persa. Esta no fue una decisión cohesionada, sino que nació de la conveniencia y el deseo de poder. Después de todo, Persia controlaba varios de los territorios fenicios en este punto de la historia, y las ciudades-estado independientes restantes no querían incurrir en la ira y la ira de Jerjes.

Monarquías Hereditarias

Los miembros de las monarquías hereditarias son las figuras políticas fenicias más conocidas. Aunque no conmemoraron sus logros a través de esculturas u obras de arte como los faraones de Egipto o los reyes de Grecia, los gobernantes fenicios dejaron sus nombres en las inscripciones de las tumbas. Los arqueólogos han podido fechar ataúdes y templos, y los historiadores han descubierto numerosas referencias a los reyes fenicios en fuentes primarias.

Según las inscripciones de las tumbas, los monarcas hereditarios lograron ejercer el poder absoluto hasta el siglo VII a. C., cuando los miembros descontentos de la sociedad fenicia decidieron que les gustaría una mejor porción del pastel del poder político. Al mismo tiempo, es obvio que los monarcas no podían gravar mucho a sus poblaciones debido al pequeño tamaño de la civilización. En cambio, los reyes necesitaban comerciar y financiar expediciones para adquirir bienes y ganar dinero gravando a los comerciantes.

Cuando se habla de los monarcas, es importante tener en cuenta que las mujeres, aunque podían convertirse en reinas, no gobernaban por sí mismas. No eran tan importantes como los herederos varones y rara vez tenían sus nombres inscritos en los anales de la historia. El derecho a gobernar se transmitía de padres a hijos. Si no hubiera herederos varones, el esposo de la heredera más cercana se convertiría en el nuevo rey. Los historiadores han creado una lista algo completa de los diferentes monarcas de ciudades-estado como Sidón y Tiro. Los lectores entendidos se darán cuenta de que ni un solo nombre pertenece a una mujer y que muchos gobernantes incorporaron "baal" en sus nombres. En la historia fenicia temprana, Ba'al era la deidad principal y se lo consideraba el señor supremo del cosmos. Hacer referencia a él en las prácticas de nombres reales se vio como una forma de legitimar la monarquía.

En Byblos, la línea de sucesión es así:

- 1000 a. C. Ahiram
- 980 a. C. Ittobaal
- 940 a. C. Abibaal
- 920 a. C. Yehimilk
- 900 a. C. Elibaal
- 880 a. C. Shipitbaal

Los anales de Tiro y otras fuentes complementarias nos dan la siguiente lista de reyes de Tiro:

- 969-936 a. C. Hiram I
- 935-919 a. C. Baal-Eser I
- 918-910 a. C. Abdastrato
- 909-898 a. C. Methustratos
- 897-889 a. C. Astharymos
- 888 a. C. Phelles
- 887-856 a. C. Ithobaal I
- 855-830 a. C. Baal-Eser II
- 829-821 a. C. Mattan II
- 820-774 a. C. Pygmalion
- 750-740 a. C. Ithobaal II
- 739-730 a. C. Hiram II
- 730-729 a. C. Mattan II
- 729-694 a. C. Elulaios
- 680-640 a. C. Baal I
- 591-573 a. C. Ithobaal III
- Baal II
- Mattan III
- Hiram III

Los monarcas poseían reinados razonablemente largos para la historia antigua, y la mayoría se mantuvo en el poder durante dos o tres décadas. Solo una inscripción de Sidón es una mujer, Unmiashtart, que se convirtió en regente de su hijo en el siglo V a. C. La única otra figura política femenina influyente proviene de una fuente cuasi mitológica y es Dido, la famosa hermana de Pigmalión. Ella era del norte y ayudó a establecer la ciudad de Cartago en la costa de África.

El sacerdocio

El sacerdocio se consideraba una clase separada de la nobleza, aunque la mayoría de los miembros provenían de la línea real, así como de las principales familias de comerciantes. Los sacerdotes eran responsables del mantenimiento de templos importantes, así como de la realización de rituales destinados a mantener la sociedad fenicia y complacer a los dioses. En múltiples casos, los registros indican que los sacerdotes también podrían convertirse en miembros de la realeza o estar estrechamente relacionados con la familia. Un ejemplo famoso es Ozbaal, que se convirtió en rey de Biblos, pero que era hijo de un sacerdote de Baalat llamado Paltibaal.

Los sacerdotes trabajaban en estrecha colaboración con los monarcas de las ciudades-estado porque, en la cultura fenicia, el cargo de rey conllevaba derechos y obligaciones religiosos. El rey era visto como un representante de los dioses y se esforzaban para asegurarse de que fueran vistos como justos y rectos, además de poderosos. De vez en cuando, un rey podía afirmar ser un dios encarnado en la tierra, aunque los sacerdotes se opusieran a esta maniobra. Para convertirse en sacerdote, un hombre necesitaba nacer en una familia noble y someterse a años de formación. Los sacerdotes tenían acceso a lugares a los que los plebeyos e incluso otros nobles no podían ir, en particular a los santuarios internos de muchos de los templos.

Altos funcionarios

Si un hombre quería el poder en la sociedad fenicia, podía convertirse en un alto funcionario del rey. Al igual que los sacerdotes, los altos funcionarios solo podían ser nobles y debían ser ancianos. El rey de ciudades-estado como Tiro consultaba con los ancianos para obtener consejos sobre el mejor curso de acción política. Según un historiador griego antiguo llamado Arriano, los altos funcionarios fenicios debían tomar decisiones importantes cuando el rey no estaba disponible. Otros historiadores también mencionaron la figura del consejo y creían que tenía el mayor poder en las ciudades-estado. Sin duda, la membresía solo pertenecía a los nobles superiores y comerciantes influyentes, y se desconoce si el rey tenía que someterse a su voluntad. Sin embargo, existe alguna evidencia de que el consejo podría obligar al rey a adherirse a sus decisiones en tiempos de crisis.

Además del consejo, los otros dos cargos de importancia eran el gobernador y el comandante del ejército. Cada ciudad-estado tendría un gobierno, y sus funciones se centrarían en la administración, la recaudación de impuestos y la coordinación de la defensa de la ciudad. El gobernador también necesitaba supervisar los tribunales y garantizar que se hiciera justicia. Desafortunadamente, faltan muchos detalles sobre estos trabajos porque los textos tomados de El Amarna, Chipre y Ugarit están fragmentados.

Formas Alternativas de Gobierno

En algún momento, Tiro se opuso a la monarquía original y adoptó un sistema de gobierno en el siglo VI a. C., donde todo estaba controlado por un par de jueces llamados *suffetes*. Estos jueces fueron elegidos entre las familias nobles más poderosas y parecían ejercer un control casi dictatorial sobre la justicia y el gobierno del territorio. Este sistema sería adoptado por Cartago más adelante.

Además de los *suffetes*, los reyes de las ciudades fenicias también tendrían que gobernar junto a un gobernador asirio cuando los asirios dominaban la región en el siglo VII a. C. Incluso la correspondencia oficial no podía abrirse sin la presencia del gobernador, y el rey se convirtió más en una figura decorativa en un estado vasallo. Este sistema continuaría cuando llegaron los babilonios y Nabucodonosor II decidió que se necesitaba un ministro para gobernar junto al rey de Tiro, un sistema que los persas continuaron más tarde.

Sin embargo, tales sistemas tendían a ocurrir bajo el imperialismo y el vasallaje de civilizaciones más poderosas y estaban confinados a las ciudades-estado conquistadas. Tiro quizás experimentó la mayor cantidad de cambios en el gobierno porque fue conquistado una y otra vez debido a su posición deseable en la costa del Líbano actual.

Ley y Orden

Los eruditos poseen poca información sobre la administración de la ley y el orden de los fenicios. Es evidente que tenían un sistema de tribunales con jueces y magistrados que se encargaban de imponer sanciones y resolver disputas entre ciudadanos. Las leyes también se aplicaban de manera diferente a las distintas clases sociales, ya que el asesinato de un plebeyo por parte de un noble no se castigaba con tanta severidad como se castigaría a un hombre normal si cometiera una agresión o matara a alguien de las clases altas. Del mismo modo, las mujeres poseían muchos menos derechos que sus contrapartes masculinas, y los esclavos casi no tenían protección.

Debido a que los fenicios eran cananeos desde el punto de vista cultural, compartían algunas similitudes con los sistemas de justicia practicados por los cananeos, israelitas y otros del Levante. Desafortunadamente, no hay documentos conocidos porque los fenicios escribían típicamente en papiro, que se degradó rápidamente con el tiempo. Sin embargo, los historiadores aún pueden reconstruir elementos cruciales del sistema legal examinando tablillas de arcilla o referencias al sistema en los documentos de civilizaciones cercanas. En general, los fenicios no parecían diferir mucho de otras sociedades levantinas, prefiriendo un sistema legal sesgado y severo.

Al igual que con muchas otras culturas que se desarrollaron en el Levante, había un sistema algo codificado de leyes y prácticas generales que pretendían controlar el comportamiento dentro de la civilización. En general, las clases altas tenían la mayoría de los derechos en la sociedad y las leyes no siempre se aplicaban por igual. Las personas con dinero normalmente podían escapar del castigo pagando multas, y no era raro que un hombre pudiera desviar el castigo a su esposa, hijos o esclavos en lugar de a sí mismo. Por ejemplo, un hombre podía enviar a sus familiares y esclavos a trabajar en su lugar si había contraído una deuda importante con otra persona.

El estado aplicaba las leyes y la mayoría de los asuntos legales eran responsabilidad de los administradores y gobernantes clave dentro de las ciudades-estado. La abogacía se convertiría en una profesión de manera tardía. En cambio, los hombres libres podían representarse a sí mismos, mientras que todos los demás tenían que esperar que alguien defendiera su caso por ellos. Esto dificultó que las mujeres, los jóvenes menores de edad, los esclavos y los sirvientes recibieran justicia.

Los castigos tendían a ser severos y a menudo se centraban en el concepto del "ojo por ojo". Por ejemplo, si alguien mataba al esclavo de otro, su propio esclavo sería ejecutado. A los violadores se les obligaba a casarse con sus víctimas y pagar una suma de dinero al padre de la mujer en lugar de enfrentar cualquier otro castigo.

Existían prisiones y cárceles, pero los fenicios usaban esas instituciones más como espacios de celebración antes de los juicios que como lugares para que la gente cumpliera sus condenas. Era mucho más fácil imponer una multa, un castigo o una ejecución que mantener a alguien con vida durante años.

Desafortunadamente, esto es todo lo que conocemos sobre el sistema legal de los fenicios. Está claro que cada ciudad-estado y colonia tendría sus propios estatutos, y también había leyes religiosas que debían cumplirse. Todo esto afectaría a la cultura de la vida diaria fenicia de diversas formas.

Capítulo 4 – Vida Cotidiana

Aunque los tribunales fueron importantes para los comerciantes y las clases altas, no fueron los únicos factores que determinaban el modo de vida de esta sociedad. Había docenas de otras instituciones sociales y culturales responsables de controlar cómo se esperaba que el individuo promedio se condujera y se comportara con los demás. El más significativo, además de la clase, era el género. A hombres y mujeres se les asignaron diferentes roles que tenían que cumplir en todo momento.

Roles de Género

Como era típico entre las culturas del Levante, los hombres eran vistos como el género dominante y, por tanto, controlaban la ley, la política y la familia. Si bien los hombres de la clase alta podían ser comerciantes, jueces, altos funcionarios y participar en la política, la mayoría de la población masculina eran agricultores pobres u ocasionalmente artesanos, trabajadores, carpinteros y otras profesiones que requerían trabajo físico. El pago se recibía a menudo en comida, aunque el dinero podía cambiar de manos en las ciudades.

Solo los nobles tenían plenos derechos para participar en los tribunales y afirmar su independencia, pero los hombres fenicios todavía tenían más derechos que las mujeres. Si bien no podían votar, podían poseer propiedades, celebrar contratos y viajar y comerciar por su cuenta. Eran responsables de la vida y muerte de sus esposas e hijos, e incluso podían ejercer control sobre las madres viudas. Hay algunos casos de hombres fenicios que vendieron a sus esposas e hijos como mano de obra para pagar deudas, y los hombres podían tener aventuras sin ser castigados a menos que se acostasen con la esposa de otro hombre.

Las mujeres tenían pocos derechos y eran consideradas propiedad de sus padres y luego de sus maridos. Si bien muchas tenían trabajos como jornaleras, tejedoras y bordadoras, también se esperaba que cuidaran de sus hogares y tuvieran y criaran hijos. Contrariamente a la creencia popular, las mujeres fenicias antiguas, como muchas otras en el Levante, se dedicaban a un trabajo físico agotador como agricultoras, obreras de la construcción y mineras, además de sus deberes domésticos.

Sin embargo, a diferencia de los hombres, nunca podrían alcanzar una posición de poder por encima de su contraparte masculina. Por ejemplo, una mujer podría ser una trabajadora de construcción, pero nunca podría ser la capataz. Las mujeres tampoco podían poseer propiedades ni celebrar contratos, y no podían vivir solas incluso cuando eran viudas. Se esperaba que se unieran a la casa de su pariente masculino más cercano, ya fuera un hijo, un hermano, un cuñado o un padre. Las mujeres de clase alta definitivamente tenían más derechos que las mujeres pobres, pero aún estaban restringidas y confinadas en sus roles. Algunas aprendieron a leer y podían ejercer influencia política, pero aún se esperaba que estuvieran subordinados a los parientes varones.

En la cultura fenicia, hay una influencia cananea obvia. Los hombres debían aprender un oficio entre los once y los trece años, mientras que las mujeres permanecían en casa y necesitaban cuidar a sus hermanos y capacitarse con sus madres para convertirse en buenas esposas y amas de casa. Esto implicaba aprender a peinar las fibras de lana y tejerlas en la tela, coser, reparar artículos del hogar, cocinar, limpiar, hornear y también preparar bebidas alcohólicas. Mientras tanto, los hombres dedicaban su juventud a convertirse en expertos en la agricultura, el pastoreo, la construcción o una profesión similar que pudiera mantener a una familia. Muchos aprendieron habilidades adicionales como reparar las herramientas de su oficio, el trueque en los mercados públicos o la contabilidad básica, como la suma y la resta.

Los hombres y mujeres de clase baja no sabían leer ni escribir, y la contabilidad compleja estaba reservada para la nobleza. En cambio, la mayoría de las personas sabrían matemáticas básicas, como una simple suma. Esto no significaba que los fenicios fueran tontos, sino que carecían de acceso a la educación. Los hombres y mujeres de la clase alta generalmente poseían alguna forma de alfabetización, y el conteo y la aritmética complejos eran esenciales para aquellos que querían convertirse en comerciantes e ingresar a las grandes empresas comerciales que caracterizaban la economía. Desafortunadamente, la mayoría de las personas serían simples trabajadores en lugar de ricos participantes de la industria.

Como ocurre con la mayoría de las sociedades del Levante, los fenicios también esperaban diferentes comportamientos sexuales dependiendo del género. El sexo casual estaba mal visto en la sociedad fenicia, pero los hombres aún podían acostarse con prostitutas, especialmente si eran miembros de las clases altas. Las mujeres, por otro lado, necesitaban ser vírgenes al casarse y solo podían tener relaciones sexuales con sus maridos. Si bien la reproducción era el objetivo, algunos documentos indican que los fenicios también creían en el sexo para la intimidad como señal de un matrimonio feliz. No está claro si los fenicios practicaron la poligamia como otras civilizaciones levantinas.

La mayoría de los matrimonios ocurrían cuando el hombre tenía alrededor de dieciocho años y la mujer estaba más cerca de los quince o dieciséis. Aunque había diferencias de edad entre las parejas y algunas mujeres se casaban a los doce o trece años, estos eran raros y casi siempre eran matrimonios nobles. En estos casos, la boda se concertaba cuando los participantes eran niños y no se consumaría hasta que los novios estuvieran más cerca de los dieciséis o diecisiete años. Esto se debía a que los fenicios sabían que las mujeres jóvenes no podían tener hijos de manera segura hasta que hubieran crecido y desarrollado caderas más anchas.

Dieta

Los fenicios no poseían demasiado territorio terrestre, pero adquirían numerosos alimentos de sus socios comerciales en el mar Mediterráneo. La dieta fenicia típica tendía a combinar los alimentos naturales del Levante con algunas opciones más inusuales provenientes del mar. Algunas opciones incluían aceitunas, vino, pan elaborado con granos locales, pescado seco, ajo para darle sabor, cordero, cabra, queso e incluso sandía y uvas. Los higos y los dátiles también eran locales y se podían usar como un bocadillo fresco para ayudar a nivelar la monotonía de los cereales y las verduras.

El Higo Común

Los fenicios no tenían suficiente tierra para cultivar grandes granjas debido a sus ciudades costeras, por lo que tendían a depender de los productos comercializados, así como de los mariscos que podían tomar del Mediterráneo. Su pescado fresco habría incluido atún y caballa, y hay alguna evidencia que sugiere que los fenicios comían crustáceos y mejillones también. Las lanzas y los botes habrían sido ideales para pescar, y las redes podrían estar tejidas con fibras ásperas. También había caza, y los fenicios comieron productos locales de vacas, jabalíes e incluso caballos. Después de todo, tenían poca necesidad de estos animales terrestres cuando casi todo su comercio se realizaba en barco en la vasta extensión del Mediterráneo.

Si bien es posible que las ciudades hayan tenido panaderos y cerveceros profesionales, las mujeres hacían muchos de estos productos en casa. Hornear pan era una tarea diaria que requería varias horas de trabajo duro, durante las cuales las mujeres necesitaban moler granos como el centeno hasta convertirlos en polvo antes de mezclarlos con levadura y agua. Por lo general, el pan se hacía plano a lo largo de los bordes de grandes ollas de barro y se comía con una variedad de hierbas y verduras cultivadas y recolectadas localmente. Por lo general, no podían cocinar grandes lotes de pan a la vez debido a la falta de conservantes, lo que implicaba que los restos de pan se pudrirían rápidamente.

Vivienda y Arquitectura

La arquitectura fenicia recordaba a la de sus antepasados cananeos. Estaba ejemplificada por grandes templos que poseían fachadas de dos columnas al frente y al centro. Los visitantes podían ascender a los templos subiendo una pequeña escalera y luego entrando en espacios sagrados cerrados. Estos espacios tendían a estar cerrados a todos menos a los miembros más importantes de la sociedad, incluidos los sacerdotes y la realeza. Una vez dentro, los espacios se caracterizaban por santuarios en forma de cubo con frentes abiertos. Además de los templos, era común encontrar presas y puertos artificiales, que eran necesarios para que la civilización marinera siguiera funcionando correctamente.

Lejos de los puertos y templos, los asentamientos estaban rodeados por grandes muros de fortificación que se construyeron altos y gruesos. Los materiales más utilizados en la construcción de estos muros fueron la piedra caliza extraída de las canteras del Levante y el adobe de fuentes cercanas. Torres cuadradas y grandes puertas se repartían por las murallas, lo que permitía a las personas que traían bienes y alimentos del campo entrar y comerciar. Aunque los fenicios poseían bastante tierra agrícola, la mayoría de la población vivía en ciudades y normalmente trabajaba en negocios relacionados con el comercio.

Los edificios domésticos y las viviendas tendían a ser bastante modestos, especialmente entre las clases bajas. El ladrillo de barro volvió a ser el material de construcción más común, especialmente porque los constructores y las familias podían hacerlo por su cuenta y luego ensamblarlo. La mayoría de las casas estarían compuestas de un solo piso con una, dos o tres habitaciones donde la familia y su ganado vivirían juntos. Era más fácil crear un techo con juncos que con cualquier otro material, aunque las personas más ricas podían permitirse un modelo de madera. La nobleza tenía más opciones y tendía a vivir en casas de dos o tres pisos. Si bien los comerciantes podrían haber usado un modelo de adobe o piedra caliza, la mayoría de la nobleza y la realeza podrían haber tenido una casa completamente de piedra. Los templos también estaban hechos de piedra caliza y solían ser el hogar de sus sacerdotes y sacerdotisas.

Más allá de estos conceptos básicos, los historiadores y arqueólogos están intentando por todos los medios reconstruir las tendencias más importantes en la arquitectura fenicia porque muchos de los edificios de la civilización fueron destruidos o asediados y tomados por otros imperios. Gran parte de los diseños originales, por lo tanto, se perdieron.

Sin embargo, los arquitectos fenicios parecían preferir la austeridad, si las tablillas de arcilla dejadas por autores griegos y romanos visitantes son una indicación. Sus edificios eran sencillos en comparación con los de sus vecinos, pero se inclinaban por tener una elegancia opulenta que usaba con moderación los elementos decorativos en favor de líneas limpias.

Después de investigar un poco sobre la geografía local y la practicidad de adquirir piedra (no era práctico en absoluto), los arqueólogos creen que muchos edificios se construyeron con madera de los abundantes bosques de cedros cercanos, lo que habría proporcionado un material duradero. El problema con esta elección es que gran parte del material no quedó para la posteridad, ya que la madera se degrada mucho más rápidamente que la piedra y no puede sobrevivir a los vestigios del tiempo. Entonces, en lugar de tener mucho conocimiento sobre edificios más pequeños y comunes, los historiadores tienen una mejor comprensión de cómo habrían sido los grandes templos públicos y espacios de reunión.

Sin embargo, la vivienda urbana se puede ver representada en las pinturas y murales de otras sociedades como los antiguos griegos, que registraron la mayoría de las casas fenicias con dos columnas en la entrada y, a veces, abarcando varios pisos. Las viviendas domésticas tenían hornos y piedras de basalto que usaban las mujeres para moler el grano para la cerveza y el pan, y las esquinas estaban redondeadas para un acabado más agradable. Los edificios más pequeños tenían rejillas que permitían el acceso a los sistemas de alcantarillado público para evitar que el flujo de desechos enfermara a las personas. El adobe se utilizó como material de construcción principal, aunque las personas más ricas podían permitirse la piedra y maderas raras como el olivo, o el roble. Casi no hay evidencia de planificación urbana en el diseño general de las ciudades porque los fenicios estaban restringidos por los confines de su territorio, según los registros.

No se puede hablar de arquitectura sin examinar cómo una sociedad se preocupa por sus muertos. Las tumbas fenicias están notablemente intactas y son duraderas, especialmente en comparación con las viviendas y las estructuras más temporales. El *tophet* jugó un papel central en estas tumbas, ya que era un altar de sacrificios para animales, y potencialmente humanos, donde los seres vivos eran asesinados y luego quemados para honrar a los dioses y a los difuntos. Las cenizas se raspaban de la superficie plana del *tophet* y se colocaban en urnas, que a veces también contenían cenizas de personas. Estas urnas se sellaban con piedras y se colocaban en el *tophet*, que podía contener entre cinco y veinte urnas. Estos *tophets* a menudo se construían dentro de tumbas de pozo, que tenían varios metros de profundidad y eran accesibles a través de un corredor vertical. La mayoría de la población sería quemada y colocada en estas tumbas de pozo, mientras que las familias más ricas podían permitirse tumbas personales construidas en las laderas, a las que se podía acceder por escaleras.

Cuando se trata de santuarios y templos, parece haber dos estilos. Uno era de un centro religioso ubicado en un claro natural, típicamente cerca de montañas, ríos, en lo profundo de los bosques o junto a piedras que tenían importancia para una deidad en particular. Tales santuarios podían estar decorados con ramas y flores y tenían elementos como el *tophet*, pero no poseían muchas estructuras permanentes. Los templos, por otro lado, eran lujosos y estaban hechos de piedra y, a veces, de mármol. Las columnas eran estilos esenciales y mostrados tomados de civilizaciones como los asirios, egipcios y griegos.

Cada templo tenía un santuario interior sagrado donde solo podían ir los sacerdotes, así como un área de almacenamiento para las reliquias religiosas. Las libaciones se podían hacer en el templo o en la entrada, y muchas presentaban tronos y relieves de pared simbólicamente tallados para las deidades que representaban. Los fenicios, a diferencia de los egipcios, asirios y griegos, parecen haber prohibido la creación de grandes figuras escultóricas de sus dioses. La mayoría de los dioses y diosas tenían templos individuales en lugar de una única ubicación central para la adoración, y todas las ciudades-estado tenían un templo accesible para la deidad principal de ese lugar.

Capítulo 5 – Belleza y Vestimenta

Debido a que los fenicios cultivaron el comercio y las relaciones sociales, los comerciantes se convirtieron quizás en la parte más influyente de la población. En lugar de formar empresas como los comerciantes modernos, estos comerciantes tendían a mantener el negocio en la familia y formaban asociaciones duraderas con otras familias en lugares atractivos como Egipto. Los hombres y mujeres de esta clase no estaban obligados a participar en el servicio militar o en trabajos sucios como la agricultura y, por lo tanto, cultivaron una cultura de belleza y estilo, encargando la creación de elaboradas túnicas, collares y sombreros. Otros nobles adinerados adoptaron este estilo, y la ropa y los accesorios se convirtieron en la mejor manera de saber cuán importantes e influyentes eran las personas.

Vestimenta Masculina

La clase social determinaba el estilo de la ropa masculina fenicia, aunque hubo tendencias generales. Entre las personas comunes, se podría esperar que los hombres usasen una túnica ajustada que se estiraba desde la cintura hasta justo por encima de la rodilla. El lino o el algodón era el material preferido porque era ligero y ayudaba a los trabajadores a soportar el calor a lo largo del mar Mediterráneo.

Faltaba ornamentación o bordados debido al costo del hilo y las joyas no eran comunes. La mayoría de los hombres usaban un tocado redondo o cónico con un moño que le daba a la parte superior una apariencia esférica. Todos los individuos usaban sandalias.

Los hombres de clase alta usaban ropa similar, pero con más galas y detalles. Su túnica, llamada *shenti*, a menudo presentaba patrones cosidos y bordados para denotar el rango de un hombre. La parte delantera se separaba para revelar una pieza de tela para dar más detalles a la cintura. Las orejeras adornadas también decoraban el frente, y las fajas eran populares. Sobre el *shenti* se podía usar otra túnica ajustada que se enganchaba a los hombros y la parte superior de los brazos. Si bien algunos arqueólogos en el pasado lo han descrito como similar a una camiseta moderna, se parece más a una chaqueta bolero de mujer que termina debajo de la línea del busto.

Cuando no sigue el estilo de *shenti* y una chaqueta de hombro, un hombre rico o importante podría usar una bata interior que le llegara a los pies. Encima llevarían una blusa o camisa exterior que descendiera hasta justo por encima de las rodillas. Si no usaban esta blusa, podrían tener un manto sobre su hombro izquierdo, que seguiría al hombre como una capa mientras se movía. La mayoría de los hombres tendrían, una vez más, un sombrero cónico con un moño, aunque estos tocados eran mucho más elaborados que los de los hombres de clase baja.

Los sacerdotes eran una clase separada, pero aún compartían muchos elementos similares con sus compañeros seculares. Sus tocados, por ejemplo, tenían moños, pero también coronas estrechas cubiertas con representaciones de cabezas de toro. Su túnica principal era una túnica larga que se extendía desde la base del cuello hasta los pies. Sobre la túnica había un manto que cubría el brazo y el hombro derechos y llegaba hasta la rodilla derecha. La ornamentación detallada decoraba cada prenda, y el bordado era común alrededor del cuello y el dobladillo de la túnica.

El cabello, especialmente el vello facial, era de suma importancia para un hombre fenicio porque denotaba limpieza y su posición en la sociedad. La mayoría de los hombres mantenían su cabello debajo de una gorra y no lo cepillaban con frecuencia. Cuando se quitaban la gorra, el cabello tendía a ser un desorden rizado, aunque a los hombres les gustaba peinarlo de manera que una o dos filas de rizos colgaran debajo del borde del tocado. Muchos historiadores comparan las barbas fenicias con las de los asirios porque los hombres de ambas culturas tendían a diseñarlas como de tres a cinco filas de rizos apretados o como una masa larga y rizada. Los bigotes no eran comunes y parecían afeitados en favor de barbas largas.

Accesorios Masculinos

El accesorio masculino más común era el collar, que se usaba alrededor del cuello y solía estar hecho de tres filas de metales preciosos. Estos se parecían a los collares egipcios y los usaban principalmente las élites que podían permitirse el lujo de utilizar oro. El collar se extendía desde la garganta hasta el pecho y con frecuencia se complementaba con brazaletes, pulseras y anillos para los dedos. Los brazaletes tendían a ser la ornamentación más simple, a menudo siendo una pieza de metal retorcido que se enroscaba una o dos veces alrededor de la parte superior del brazo. Las pulseras eran similares, pero ocasionalmente podían incluir piedras preciosas y ágatas. Los anillos eran populares entre todas las clases, pero los mejores estaban hechos de plata u oro, tenían una piedra incrustada y, a menudo, se usaban como sellos para cerrar documentos.

Un ejemplo conocido de joyería masculina proviene del gobierno de Etyander, un rey de Paphos. Los arqueólogos descubrieron sus brazaletes, que estaban hechos de pequeños giros de oro que apenas se tocaban en los extremos. Estaban desnudos excepto por una sola inscripción: "Eteadoro to Papo basileos", que en español significa "Propiedad de Etyander, rey de Paphos". Aunque simple, todos sabían que las joyas transmitían poder y respeto.

Los estudiosos no saben si los hombres solían llevar collares. La mayoría de las obras de arte representan a mujeres que llevan los tradicionales tres o cuatro hilos, pero los hombres se ven con menos frecuencia con este tipo de joyas. Muchos historiadores educados creen que los hombres sí usaban collares basándose en los datos que se poseen actualmente sobre las modas europeas, asiáticas y africanas de la época. Las joyas se usaban a menudo culturalmente para representar el estatus social, y las personas más ricas a menudo se vestían con finas piezas hechas de oro y joyas. Entonces, si bien hay poca evidencia de que los hombres poseyesen collares, es muy probable que los tuvieran.

Vestimenta Femenina

Aunque las diosas femeninas a menudo se representaban desnudas, las mujeres fenicias se vestían cuidadosamente de la cabeza a los pies por modestia. Mientras que los hombres tenían túnicas ajustadas, las túnicas femeninas debían estar sueltas y usarse en pliegues colocados de manera estratégica. Los únicos puntos de interés eran típicamente alrededor del busto y la cintura, donde era aceptable tener alguna forma antes de que la tela se volviera ondulada y creara pliegues pesados . Se utilizaban fajas para dar la definición del material y se ataban en la parte delantera. Las enaguas eran comunes y típicamente iban debajo de las túnicas. Las mujeres usaban sandalias de cuero para protegerse los pies de la arena, las rocas y otros peligros.

Había variedad de peinados para las mujeres. Aunque las mujeres de algunas regiones usaban gorras para ocultar sus mechones por modestia, otras llevaban el pelo suelto en ondas que se partían en el centro de la cabeza. El cabello tendía a llegar hasta los hombros y se podía peinar con una sola banda tejida o de cuero. Otras usaban capuchas sueltas, que también protegían la cara del sol. Por lo general, las mujeres más ricas tenían más probabilidades de peinarse con bandas, mientras que las personas de clase baja se cubrían la cabeza para ayudar a prevenir las quemaduras solares. Debido al calor que hacía en las ciudades-estado, las mujeres fenicias evitaban dejarse crecer el pelo más que los hombros.

Accesorios Femeninos

Las mujeres fenicias usaban muchos más adornos y accesorios que sus homólogos masculinos. La joyería y la ornamentación denotaban riqueza familiar y estatus social, y por lo tanto, los comerciantes, la realeza y las hijas y esposas de familias nobles fueron las más condecoradas. Las excavaciones realizadas en los territorios fenicios revelan cientos de anillos, collares, brazaletes, pulseras, aretes, anillos para los dedos, broches, relicarios, hebillas e incluso botones de materiales preciosos y joyas. Incluso algunos artículos de tocador estaban hechos de estos componentes, especialmente espejos.

Collares

Los collares son un adorno interesante entre las fenicias y se consideraban una parte necesaria de su atuendo. Sin embargo, los arqueólogos creen que muchos de los artefactos descubiertos pertenecían a la nobleza debido a su presencia en tumbas y tumbas reales, por lo que es poco probable que el fenicio promedio usara hebras opulentas. En cambio, una plebeya probablemente poseía collares con cuentas de arcilla de colores que tenían múltiples hebras en capas para lograr un hermoso efecto.

Se cree que las mujeres llevaban de tres a cuatro capas de collares a la vez. La primera capa se envolvía alrededor del cuello, similar a una gargantilla, y descansaba justo debajo del mentón. El segundo collar sería un poco más ornamentado y terminaría donde comenzaba el cofre, generalmente justo alrededor de la clavícula. La tercera y cuarta hebras eran mucho más largas y tendían a presentar adornos ornamentales hechos de vidrio, oro, cristal y otras piedras preciosas. Muchos colgantes tenían la forma de elementos naturales como granadas, bellotas y flores de loto. También eran posibles formas geométricas, especialmente conos y jarrones.

Las cuentas adornaban todas estas capas. Estas cuentas podrían estar hechas de arcilla para las clases bajas, mientras que las personas de la clase alta generalmente tenían cuentas grandes hechas de oro o vidrio. Ocasionalmente se usaban piedras preciosas para hacer cuentas, pero estas eran raras. Un collar corto podía tener entre cincuenta y sesenta cuentas, mientras que una hebra larga podía tener más de cien. Las cuentas a menudo se intercalaban con cornetas hechas de cornalina u ónix, y las joyas que provenían de Egipto a menudo tenían cuentas ovaladas de vidrio azul o verde azulado. Estas cuentas estaban hechas de un material llamado "azul egipcio", que se fabricaba mediante un proceso químico específico y se convertiría en un elemento básico del comercio entre los egipcios y los fenicios.

Collar de Oro con Colgantes, 900 a. C.

Varios collares que sobrevivieron a la decadencia del tiempo provienen de las mujeres nobles de Chipre. El primero tiene una fila de 103 cuentas de oro en un patrón de esferas y óvalos alternados. Las cuentas ovaladas están conectadas a colgantes de oro que parecen flores de loto, mientras que el colgante central es una cabeza y un busto de mujer al estilo egipcio. La atención al detalle es clara en la mano de obra y el collar en sí es pesado. Otra pieza de Chipre tiene

64 cuentas. Veintidós de las cuentas son más grandes que el resto y se fijan a dieciocho colgantes con delicadas flores doradas.

Aunque los gustos varían, un elegante ejemplo de la artesanía fenicia es un collar hecho con un cordón de oro macizo tejido martillado y moldeado para ser suave y elástico. En cada extremo del collar hay tapones para proteger el cordón. Un lado presenta una cabeza de león forjada con un anillo en la boca, mientras que el otro extremo tiene un gancho para formar un cierre completo. Los arqueólogos han estado fascinados por esta pieza durante años debido a su calidad, con un solo escrito: "En esta disposición, en las curvas del delgado alambre, que se dobla sobre sí mismo una y otra vez, hay un aire de tranquilidad, una aparente negligencia, que es la perfección misma de la habilidad técnica".

Otras Joyas

Las mujeres cultivaban un estilo centrado en diseños opulentos y ornamentación adicional que representaba la clase social y la riqueza frívola de una persona, y las pulseras eran una opción popular debido a su visibilidad. Las mujeres fenicias de la clase alta a menudo usaban muchas variedades, siendo el oro la más común. Algunas pulseras eran bandas de oro macizo sin ornamentación. Estas podían pesar entre 200 y 300 gramos (entre un poco más de 7 y 10,5 onzas), lo que las hacía pesadas . Otras eran diseños abiertos destinados a usarse alrededor de la parte superior del brazo. Estas no se juntaban en los extremos, pero a menudo tenían diseños a lo largo de los extremos, como cabezas de leones o toros. Si había decoraciones, tendían a ser tallas y decoraciones elaboradas con motivos florales o representaciones del alfabeto fenicio.

Tanto hombres como mujeres usaban pendientes, y podían ser algunas de las piezas más creativas, yendo desde lo simple hasta lo curioso y absolutamente fantasioso. Algunos estaban conectados con cadenas para hacer elegantes patrones suspendidos, otros presentaban grandes medallones y otros tenían la forma de cabezas humanas. En general, los fenicios preferían los pendientes que tenían un anillo insertado en la oreja, seguidos de largas cadenas centrales que se conectaban entre sí y suspendían largos amuletos o decoraciones representativas de algo significativo. Estos eran con frecuencia los símbolos de deidades, pequeños jarrones o animales.

Un visitante del Museo de Nueva York se tomó el tiempo de ver una colección traída de Chipre y describió con exuberante detalle la naturaleza lujosa de los pendientes fenicios:

"Un tipo completamente diferente es el de un pendiente en el Museo de Nueva York traído de Chipre, donde el lazo del adorno se eleva a partir de una especie de herradura, estampado con patrones y espirales, y rodeado por un ribete tosco de perillas, colocadas a poca distancia unas de las otras. Otras formas que se encuentran también en Chipre son el pendiente con el colgante largo, que se ha llamado "una pera alargada", adornado hacia el extremo inferior con pequeñas flores, y que termina en una bola diminuta, que recuerda a las "gotas" que todavía utilizan los joyeros de nuestros días; el bucle que sostiene una *crux ansata*; el que tiene adjunto una pequeña caja cuadrada; y los que sustentan frutos de diversa índole. Un arete de mucha delicadeza consiste en un anillo retorcido, curvado en un gancho en un extremo y en el otro que termina en la cabeza de una cabra, con un anillo adherido a él, a través del cual pasa el gancho. Otro, más curioso que elegante, consiste en un doble giro, adornado con rombos, y que termina en puntas triangulares finamente granuladas".[4]

Los pendientes eran, por tanto, uno de los complementos más complicados y deseados, aunque las mujeres también tenían mucho cuidado con sus artículos de tocador, hebillas y broches. Las damas fenicias necesitaban abrocharse los vestidos con hebillas, pero preferían los metales simples a la decoración por comodidad. Las mujeres ricas en cambio gastaban sus fortunas en espejos circulares con respaldo de metal, jarrones de cristal, embudos de oro e incluso

---

[4] George Rawlinson, *The Great Empires of the Ancient East: Egypt, Phoenicia, Parthia, Chaldea, Assyria, Media, Babylon, Persia, Sasanian Empire, Israel, and Judah.* Oxfordshire, 1906.

frascos de perfume de oro. Estos eran elementos que significaban riqueza y poder y se disfrutaban en la privacidad de los hogares.

Capítulo 6 – Una Historia Temprana No Escrita

Los fenicios dejaron poco atrás, pero dejaron pistas en la tierra para que las descubrieran los arqueólogos y eruditos modernos. Durante gran parte de los siglos XVIII y XIX, la gente se basó en textos religiosos y documentos históricos de griegos, romanos, egipcios y asirios para acercarse a esta enorme civilización marinera. Esto plantea varios problemas importantes. Primero, todos están intrínsecamente sesgados, ya que fueron desarrollados por civilizaciones rivales a quienes convenía que los fenicios se vieran bien o mal dependiendo de sus acuerdos comerciales actuales. En segundo lugar, los historiadores contemporáneos no pueden utilizar los textos religiosos como fuentes fácticas, especialmente porque han sido traducidos y reescritos en numerosas ocasiones durante los últimos 2000 años.

Esta tendencia de utilizar fuentes tan poco fiables ha cambiado en las últimas décadas a medida que las excavaciones arqueológicas en curso en el Líbano, Túnez, la península ibérica y el resto del Mediterráneo han dado lugar a pruebas materiales importantes para explicar varios elementos de la civilización fenicia. Los artefactos se consideran cultura material, y con la cultura material, los académicos pueden estudiar un período de tiempo, una civilización o una sociedad.

Una de las principales desventajas de este enfoque es que los elementos más utilizados por una civilización dada con frecuencia se desintegran y se pierden en el tiempo porque fueron hechos con materiales baratos o porque nadie se encargó de salvarlos debido a su poco valor. Sin embargo, uno de los beneficios de estudiar las civilizaciones antiguas a través de la cultura material es ver cómo grupos como los fenicios enterraban objetos con sus muertos. Estos ajuares funerarios podrían ser joyas y símbolos de riqueza, pero también enterraban cosas más útiles y prácticas, como peines, espejos, platos y objetos similares.

A través de expediciones arqueológicas realizadas bajo los auspicios de instituciones como el Museo Nacional de Beirut, la Universidad Americana de Beirut y el Museo Británico, los estudiosos modernos ahora tienen acceso a esta cultura material y han comenzado a construir una historia de los fenicios, aunque aún carecemos de detalles sobre determinadas ciudades-estado o elementos de la vida diaria. Sorprendentemente, el mundo sabe más sobre la Segunda Guerra Mundial, que duró siete años, que sobre los fenicios, que vivieron durante más de mil años.

La historia temprana es la más difícil de reconstruir por una plétora de razones. La primera y más importante es el desarrollo de la tecnología. Las civilizaciones más antiguas escribían en tablillas de arcilla o barro que podían borrarse y reescribirse. Si alguien quisiera conservar una tablilla, podría endurecerla al fuego. Estas tablillas no se pudrían por la exposición al sol o al aire y, por lo tanto, pudieron sobrevivir. Como dato curioso, una enorme biblioteca de tablillas de arcilla, que se quemó para destruirla, sobrevivió al incendio con cientos de tablillas intactas que el público moderno aún puede ver.

Desafortunadamente, los fenicios no usaban tablillas de arcilla. Para cuando llegaron a la historia, la humanidad ya había desarrollado el papiro. Queriendo mantener una ventaja sobre sus competidores, disfrutando del acceso a las materias primas necesarias para fabricarlo y aprovechando la ligereza del papel, los fenicios recurrieron al papiro para llevar sus registros. El principal problema con esto es que el papiro se degrada rápidamente, especialmente cuando se expone al aire, al agua y al sol. Entonces, quedan pocos registros escritos dejados por los fenicios.

Otro problema al tratar de armar la historia temprana es que los fenicios surgieron hacia el final de la Edad del Bronce, alrededor de una época conocida como el Colapso de la Edad del Bronce. Apenas se habían distinguido de sus antepasados, los cananeos, cuando la sociedad del Cercano Oriente colapsó repentinamente. El Colapso de la Edad de Bronce podría haber sido provocado por una variedad de fenómenos (los estudiosos todavía debaten hasta el día de hoy sobre cómo ocurrió realmente), incluidos problemas ambientales como sequías, hambruna, uso excesivo de recursos y la llegada de una fuerza misteriosa llamada Pueblos del Mar. Estos Pueblos del Mar se mencionan en documentos sobre varias situaciones y parecen haber sido un pueblo marinero que llegó a la costa oriental del Mediterráneo y empezó a masacrar a los pueblos locales.

Una Imagen Egipcia representando a los Pueblos del Mar

Como se puede imaginar, este malestar provocó la pérdida de muchos registros. Las civilizaciones se descarrilaron y las sociedades se vieron obligadas a reagruparse y reformarse. Los fenicios se trasladaron a una región del Levante que estaba relativamente intacta y continuaron construyendo su propia sociedad, aprovechando el caos para reclamar un terreno viable y un lugar ventajoso en el mar. Sin tanta inquietud, ¿habría sido posible para los fenicios tener una ventaja sobre los poderes cercanos como los cananeos, hititas y egipcios? Probablemente no.

La historia fenicia se puede dividir en varios períodos diferentes que explican cuál fue el tema o la tendencia general en su civilización. Estos incluyen:

- La Edad de Bronce Tardía (1550 al 1200 a. C.)
- La Edad de Hierro I (1200 al 900 a. C.)
- La Edad de Hierro II (900 al 586 a. C.)
- El Período Babilónico (586 al 539 a. C.)
- El Período Persa (539 al 332 a. C.)
- El Período Helenístico (332 al 63 a. C.)
- El Período Romano (63 a. C. al 324 d. C.)

Estos períodos reflejan cuando los fenicios surgieron por primera vez como una cultura distinta, cuando comenzaron a convertirse en un poder independiente, su edad de oro, su subyugación bajo los asirios, convirtiéndose en vasallos de los babilonios, luego sirviendo a los persas, la conquista de Alejandro Magno, y su eventual caída ante la influencia y el poder de Grecia y Roma. A lo largo de este tiempo, la sociedad y la cultura de los fenicios sufrieron numerosos cambios, especialmente en términos de tecnología, poder comercial, arte y estructura política. Sin embargo, solo algunos de estos desarrollos quedan para la posteridad.

La Edad de Bronce Tardía

La historia de los fenicios comienza cuando apenas comenzaban a distinguirse de sus predecesores y primos, los cananeos. Por esa época, los pueblos originarios del Levante comenzaron a gravitar hacia las grandes ciudades costeras que ofrecían oportunidades de riqueza, seguridad, trabajo regular y cultura. Algunas de las más grandes fueron Biblos y Tiro, que se convertirían en dos de las ciudades-estado fenicias más exitosas. Los individuos de estos centros urbanos se hicieron un hueco al convertirse en intermediarios en el comercio entre Egipto y los estados sirios cercanos, lo que ayudó a formar la tradición de los fenicios como comerciantes.

Sin embargo, puede ser difícil distinguir cuándo los cananeos comenzaron a convertirse en fenicios. ¿Se podía ser cananeo y fenicio? ¿Se podía ser fenicio y seguir siendo cananeo? La respuesta definitiva es más o menos. Ser fenicio requería tener herencia cananea, vivir en la región del Cercano Oriente y participar en la religión y el idioma. Alguien podría ser un cananeo y un fenicio, pero sería difícil para un fenicio no ser cananeo.

Antes del 1230 a. C., los cananeos estaban en su propia edad de oro, que es un término que se refiere a cuando la cultura, el comercio y la sociedad florecen. Esto se detuvo por completo durante el Colapso de la Edad de Bronce cuando una fuerza misteriosa diezmó la ciudad de Ugarit, dejando la región abandonada. Al mismo tiempo, los israelitas cercanos invadieron e intentaron tomar tierras cultivables, mientras que los misteriosos Pueblos del Mar del oeste llegaron y comenzaron a devastar a cualquiera que se interpusiera en el camino de la conquista total. Los filisteos entraron y reclamaron las ciudades cananeas del sur como su territorio.

Para agregar más leña al fuego, el Cercano Oriente experimentó una oleada de factores ambientales desfavorables, incluida una sequía prolongada. La hambruna resultante llevó a muchos a abandonar las ciudades en busca de recursos naturales como vegetación salvaje y agua dulce. La estructura política de la ciudad central se extinguió, impulsando a los cananeos a volverse más nómadas. El caos que siguió requirió de un reordenamiento completo de la sociedad, y cuando cayó el polvo, un nuevo poder conocido como Fenicia surgió de los sobrevivientes cananeos, convirtiéndose en una región independiente en la costa.

La Edad de Hierro I

Desafortunadamente, quedan pocas fuentes para informar a los estudiosos modernos sobre la vida en Fenicia durante el siglo XII a. C., aunque algunas pruebas indican que las ciudades de Biblos y Sidón pudieron recuperarse rápidamente de la devastación económica del colapso de la Edad del Bronce. Estas ciudades se convertirían en centrales para el poder de la civilización fenicia, ya que eran gigantes económicos y tenían acceso a rutas comerciales por tierra y agua. Al mismo tiempo, Sidón comenzó a distinguirse como una potencia militar, al igual que Arwad.

La primera fuente textual que tenemos sobre los fenicios de la Edad del Hierro es un relato de la campaña del rey asirio Tiglat-Pileser I contra los fenicios en algún momento entre 1114 y 1076 a. C. Tiglat-Pileser I deseaba conquistar los abundantes bosques de cedros controlados por los fenicios y lanzó asedios militares terrestres contra Biblos y Sidón. El rey registra cómo se las arregló para exigir tributo a los líderes de estas ciudades. Tiro estaba presente en este punto, pero se consideró demasiado insignificante para agregarlo al documento.

La siguiente fuente principal sobre los fenicios fue creada por Wen-Amon, un alto funcionario egipcio de Tebas que trabajaba en el templo de Amon-Ra. Viajó a lo largo de la costa para conseguir madera de cedro para la construcción de una nueva barcaza sagrada, y menciona que Biblos y Sidón se consideraban algunas de las ciudades y poderes costeros más impresionantes de la época. Se menciona Tiro, pero nuevamente se pensó que era insignificante en la estructura de poder del mundo mediterráneo. El relato de Wen-Amon data de 1075 a 1060 a. C., lo que indica que los asedios de Tiglath-Pileser I podrían no haber sido tan efectivos como él había afirmado.

De particular importancia fue que Biblos y Sidón estaban en una posición tan ventajosa que cuando Wen-Amon llegó y exigió madera de cedro, los fenicios pudieron negociar en lugar de entregar tributos. El príncipe de Biblos, Zakar-Baal, le dijo al funcionario que Egipto tenía que pagar primero antes de recibir la madera. Debido a que Biblos había estado previamente subordinado al imperio egipcio, la capacidad de solicitar dinero antes de que se entregaran los bienes era impresionante. Esto demuestra cómo el poder egipcio estaba en declive mientras que los fenicios aumentaban.

Es difícil reconstruir la historia exacta del subsiguiente siglo XI a. C., ya que hay menos relatos e inscripciones personales y referencias más vagas en las amplias historias de civilizaciones como Egipto. Los textos religiosos, como los libros bíblicos de Josué, Jueces y Samuel, comienzan a usar el término "sidonio" en este momento para indicar a alguien que podría ser fenicio. Hay algunas razones por las que esto podría haber sido así, pero el hecho de que Sidón se construyera cerca de tierras agrícolas cultivables le dio al centro urbano una ventaja. Tiro, después de todo, estaba atrapado en una isla.

El ascenso de Sidón al poder transformó la estructura política general fenicia. Mientras que los fenicios originalmente se pusieron del lado de Egipto como su socio comercial, Sidón no tenía ningún interés en hacerlo. En cambio, Sidón dirigió su atención a la cercana potencia siria, que estaba creciendo y demostró ser un socio comercial más cercano y fiable. Esta fue una mala noticia para Tiro, que dependía de las compras egipcias de bienes como madera de cedro para poder mantener alimentada y comercialmente exitosa a la gente de la ciudad isleña.

La Edad de Hierro II

Desafortunadamente para Sidón, su poder no duró hasta el siglo X a. C. La edad de oro de Tiro comenzó cuando Hiram I (c. 969 a 936 a. C.) ascendió al trono. Cambió el equilibrio de poder hacia Tiro explotando sistemáticamente las rutas comerciales panmediterráneas cercanas. Hiram I se esforzó por lograr un monopolio marítimo y lo logró empleando una flota capaz de viajar por toda la costa levantina para transportar importaciones y exportaciones y también derrotar a sus rivales a través del poder naval.

Hacia mediados del siglo X a. C., surgió una nueva ciudad-estado como la más poderosa: Tiro. Ignorado hasta ese momento, Tiro se urbanizó y siguió los nuevos desarrollos en la fabricación de cerámica, lo que requirió que los artesanos se establecieran y trabajaran en las ciudades para producir este artículo.

Tiro también adoptó nuevos socios comerciales, y decidió hacer tratos con la cercana Israel. Estos dos estados se sometieron a empresas comerciales conjuntas para adquirir oro y se alimentaron de las fortalezas del otro. En particular, Tiro le dio a Israel más acceso a la costa, mientras que Israel permitió que Tiro tuviera cierto control sobre las rutas comerciales terrestres que se adentraban más en Asia. Tiro ahora podía administrar el flujo de mercancías desde Siria hasta Egipto, promulgando impuestos e imponiendo sus propios términos comerciales. Esto también le dio acceso a la ciudad-estado a especies y metales preciosos como plata y oro, que llegaban de Arabia.

Sin embargo, las alianzas de Hiram I no podrían durar mucho. El reino de Israel del rey Salomón se dividió en Judá e Israel debido a los pretendientes políticos rivales, y el rey fenicio necesitaba encontrar un socio comercial más estable y fiable en lugar de intentar que los dos estados israelitas trabajaran juntos. Tiro, por lo tanto, tuvo que reevaluar sus decisiones políticas y comenzó a alejarse de Israel y Judá, eligiendo cooperar con las ciudades-estado fenicias cercanas y enfocándose en el norte de África.

Tiro experimentó un breve declive en su éxito, pero logró entrar en una segunda edad de oro con la coronación de Ithobaal I (gobernó de 887 a 856 a. C.). Los intereses de Ithobaal residían en la conquista territorial. En más de una década, logró adquirir y controlar tanto territorio que se declaró a sí mismo el "Rey de los sidonios", título que sería adoptado por sus sucesores en Tiro durante los siglos venideros. El título también apareció en los poemas homéricos griegos y en los libros religiosos del Antiguo Testamento.

Ithobaal I fusionó Tiro con el territorio de la cercana Sidón, creando los primeros indicios de un solo estado fenicio. Nombró a

Tiro como la capital y llegó a establecer las primeras colonias fenicias: Auza en Libia y Botrys, al norte de Biblos. Estas colonias fueron diseñadas para agregar recursos naturales preciosos adicionales a las redes comerciales de Tiro, incluido el cobre y otros metales. Ithobaal también crearía una colonia en Chipre.

Sin embargo, el éxito de Tiro volvió a ser puesto en duda, esta vez por los asirios. El Imperio asirio era un gigante asiático cercano. Los fenicios vivieron durante mucho tiempo al margen de esta civilización, evitando las numerosas excursiones militares asirias pagando tributos. De hecho, Tiro a menudo se aprovechó de las conquistas asirias para reclamar un territorio que fue interrumpido por la guerra y el caos. Sin embargo, el éxito de Tiro cambió cuando los asirios coronaron rey a Salmanasar III (gobernó de 859 a 824 a. C.).

Capítulo 7 – Vasallos de los Imperios

Si bien es sencillo dividir los primeros años de los fenicios según los avances tecnológicos, los últimos años se comprenden mejor si analizamos a qué gran imperio estaban subordinadas las ciudades-estado. Aunque los fenicios eran una potencia económica, ejercían poco poder militar. Agrupadas en la costa y con una pequeña población natural, las ciudades-estado se vieron obligadas repetidamente a someterse a los imperios mucho más grandes y poderosos que barrieron el Levante y que contaban con enormes extensiones de tierra en Asia, África y Europa. El primero de estos imperios fue el de los asirios.

Vasallos del Imperio Asirio

El rey Salmanasar III subió al poder en 858 a. C. y ascendió al trono con planes de conquista. Tan pronto como reunió sus fuerzas militares, comenzó una campaña agresiva en todo el norte de Siria y el sur de Anatolia. Uno de sus principales objetivos fueron las ciudades-estado fenicias a lo largo de la costa del mar Mediterráneo, a las que subyugó durante tres años. Los fenicios ahora se verían obligados a pagar una cantidad excesiva de tributo a los asirios en dinero, bienes y recursos físicos.

En este momento, los fenicios podían considerarse vasallos del más poderoso Imperio asirio. En términos políticos, un vasallo es un país que está subordinado a otro y entabla una relación en la que uno rinde tributo a otro para evitar ser invadido o atacado. Sin embargo, ser vasallo de los asirios no era una situación desfavorable para los fenicios, que consiguieron hacerse con una posición privilegiada entre los numerosos vasallos de Oriente Medio.

A diferencia de otros estados de la región, los fenicios fueron tratados bien por Salmanasar III, quien recordó que las ciudades-estado como Tiro cooperaron con su padre y no intentaron rebelarse. La importancia geopolítica de los fenicios fue aún más beneficiosa para Asiria, que necesitaba que las ciudades-estado llevaran a cabo la diplomacia alrededor del Mediterráneo y continuaran sirviendo como fuente de ingresos para el imperio en constante expansión. De esta manera, Fenicia pudo negociar la santidad de sus ciudades-estado con sus recursos económicos y autoridad comercial. Los asirios también temían que los fenicios cayeran en manos de sus rivales, los egipcios.

Incluso después de la muerte de Salmanasar III en 824, las ciudades-estado fenicias aún pudieron mantener un estado de semiindependencia. Los sucesores de Salmanasar III no querían interferir en los asuntos internos de Fenicia, lo que permitió a las ciudades-estado mantener un nivel limitado de autonomía.

Desafortunadamente, esta suerte se acabaría alrededor del 744 a. C. En este punto, Tiglat-Pileser III ascendió al trono asirio e inmediatamente comenzó numerosas campañas de gran alcance en el Levante. Como parte de las campañas, el gobernante recién coronado buscó acabar con los diversos estados independientes de la región y hacer que su territorio formara parte del creciente Imperio Asirio. Esto significó que las ciudades-estado fenicias, particularmente Tiro, se convirtieron en objetivos.

Después de varios años de batallas, la totalidad del Levante se sometió a la autoridad asiria en 738 a. C. Las ciudades de la costa norte de Fenicia fueron anexadas al imperio, mientras que las ciudades-estado del sur como Tiro y Biblos lograron mantenerse independientes. Sin embargo, ya no se les permitió operar bajo un sistema económico y político autónomo.

Sin embargo, Tiro no estaba satisfecho con la situación. Apenas un año después de la anexión, el rey de Tiro decidió aliarse con una coalición anti-asiria en el Levante. Tiglath-Pileser respondió reuniendo sus fuerzas y barriendo la costa fenicia, aplastando a la oposición. Al ver la situación, Tiro se rindió de inmediato y ofreció tributo. Tiglath-Pileser aceptó y se fue, demostrando que el continuo éxito económico de la ciudad fenicia era más importante para él que aplastar a la ciudad por su insolencia.

Aunque no fue destruida, Tiro sufrió las consecuencias. Asiria instaló inspectores y funcionarios del mercado en los puertos de Tiro, eliminando la independencia económica y política. Los reyes subsiguientes también debieron pagar 150 talentos de oro al año a Asiria, una suma equivalente a 150 millones de dólares, si no más. Tiro pagó el tributo durante varios años y luego se rebeló nuevamente, esta vez aliándose con la cercana Sidón. La guerra duró de dos a tres años, momento en el que las ciudades-estado fenicias fueron capturadas y subyugadas una vez más.

El monarca asirio Senaquerib invadió los territorios periféricos de Tiro en 701 a. C., lo que obligó al rey a huir a Chipre. La alianza entre Tiro y Sidón fue destruida y Tiro perdió el control de la cercana Sidón, así como de la mayoría de su población en Asiria. Miles de residentes fueron deportados a la capital, Nínive, y los puertos costeros fueron bloqueados. Los bloqueos futuros fueron establecidos por generaciones de los siguientes reyes asirios como Esarhaddon (681-669 BCE) y Ashurbanipal (669-631 BCE). Hacia el 640 a. C., toda Tiro continental se convirtió en una provincia asiria.

Sin embargo, el dominio asirio en el Levante no duraría. Aumentaba una nueva amenaza: los babilonios. El Imperio asirio se convirtió en víctima de la política expansionista babilónica, y los asirios se aliaron ciegamente con su antiguo enemigo, los egipcios, para intentar retener el control del Levante y de todas las ciudades-estado fenicias. Desafortunadamente, las fuerzas combinadas de Asiria y Egipto no fueron suficientes para ahuyentar a los babilonios, quienes derrotaron a ambos imperios en Carquemis en 605 a. C.

El dominio de los babilónicos

Los babilonios fueron uno de los pueblos más antiguos de la historia conocida, habiéndose desarrollado alrededor de la ciudad de Babilonia en el siglo XIX a. C. El estado de Babilonia experimentó numerosos cambios y oleadas de poder a lo largo de su vida, siendo en un momento un gran imperio antes de ser reducido a un pequeño estado controlado por los asirios. Aunque los babilonios fueron subyugados y rindieron tributo a los asirios desde el 911 hasta alrededor del 612 a. C., su momento volvería a llegar. Cuando el famoso gobernante asirio Ashurbanipal murió y dejó un vacío de poder, los babilonios vieron su oportunidad y se liberaron de los grilletes del vasallaje, rebelándose y formando el Imperio Neobabilónico.

Fue el Imperio Neobabilónico el que reclamó el territorio fenicio a continuación. En el primer año de su largo reinado, el rey neobabilónico Nabucodonosor II (605-562 a. C.) inició campañas militares en toda Siria con la intención de capturar y subyugar influyentes territorios asirios. Cuando llegó a la costa fenicia, la mayoría de las ciudades-estado entendieron en qué dirección soplaba el viento. La mayoría renunció inmediatamente a su lealtad a los asirios y, en cambio, envió tributo a los babilonios.

Tiro, sin embargo, se rebeló una vez más. La feroz resistencia de la ciudad-estado resultó en un asedio de trece años desde el 586 a. C. hasta el 573 a. C., cuando la ciudad se vio obligada a reconocer la derrota y la rendición. Las acciones de los líderes tuvieron resultados desastrosos para los ciudadanos de Tiro. El rey en ese momento, Ithobaal III, fue enviado a Babilonia en cautiverio. Se instaló un gobernante títere antes de ser reemplazado por un gobierno lleno de jueces babilónicos que gobernaron usando su propio sistema de justicia.

La otrora poderosa Tiro ahora se redujo de estatus entre las ciudades-estado fenicias y ya no se jactaba de un fuerte éxito militar, naval o económico. Sidón inmediatamente ocupó el lugar de Tiro, esencialmente usurpando los contactos comerciales y los recursos naturales de la ciudad. Sidón se convirtió en la ciudad fenicia más próspera y ocupó este cargo durante muchos años hasta que Alejandro el Grande llegó y la derribó.

Bajo el dominio babilónico, la vida en Fenicia era difícil. Las empresas comerciales disminuyeron enormemente y gran parte de la riqueza de las ciudades se destinó a llenar las arcas de la monarquía neobabilónica. La anexión babilónica de regiones estratégicas, como el sur de Palestina, aisló a los fenicios de sus rutas comerciales estratégicas, y Nabucodonosor II robó el comercio de cedros. Los fenicios eran considerados ciudadanos de segunda clase y a menudo estaban sujetos a la ley babilónica y "alentados" a seguir las prácticas religiosas babilónicas.

Las cosas no mejorarían para los fenicios hasta después de la muerte de Nabucodonosor II. Los nuevos monarcas no fueron tan efectivos como su predecesor y se distrajeron con el surgimiento de otro imperio en el horizonte: los persas. El rey Nabonido restableció todas las líneas reales fenicias originales en un intento de ganarse la lealtad de las ciudades-estado, pero no fue suficiente. Ciro el Grande se acercaba y nadie lo detendría.

El imperio aqueménida

Un grabado de Ciro el grande

La imagen de arriba de Ciro el Grande fue creada copiando una estatua de piedra del famoso líder persa de uno de sus numerosos proyectos de construcción. Ciro gobernó desde el 559 a. C. hasta el 530 a. C. y logró conquistar Sippar y la ciudad de Babilonia más tarde en sus conquistas militares. Esto interrumpió el poder babilónico en el Levante, lo que permitió a los fenicios ejercer más influencia en casa. En realidad, Ciro trató a los fenicios de manera bastante favorable, aparentemente reconociendo que su poder naval y contactos comerciales podrían ser beneficiosos para el imperio que imaginaba.

Bajo los persas, los fenicios encontraron un nuevo propósito. Se convirtieron en la columna vertebral naval de Ciro el Grande en el mar Mediterráneo y entraron en un período próspero que duró la mayor parte del período aqueménida. Las cuatro principales ciudades-estado fenicias (Tiro, Sidón, Biblos y Arwad) pudieron restablecer sus monarquías y su dominio dinástico. Se expandieron física y económicamente, reclamando territorio en el Levante, ya que estaba bajo el control de los persas aqueménidas.

Inicialmente, las ciudades-estado fenicias se agruparon en una sola satrapía, o distrito administrativo, que estaba bajo control persa. La satrapía se llamaba Athura o Asiria. Cuando Darius I tomó el control desde 522 a. C. hasta 486 a. C., subdividió el distrito en provincias separadas para controlar mejor el flujo de riqueza y política.

El control bajo los persas podría considerarse quizás una de las últimas edades doradas de las ciudades-estado fenicias. Encontraron un tremendo nicho que sirvió como patrocinadores comerciales y gobernantes de una gran parte de la armada persa. Algunos relatos griegos incluso atestiguan que los fenicios eran los formidables comandantes navales de Jerjes, que atravesarían el Mediterráneo y harían la guerra con las antiguas ciudades-estado griegas.

Desafortunadamente, la prosperidad nunca dura en la historia. Los últimos años del siglo V a. C. trajeron un creciente malestar a los persas, que no tenían gobernantes fuertes ni una administración eficiente. El territorio comenzó a fragmentarse y surgieron rebeliones. Grecia continental, Egipto y Asia Menor occidental fueron algunos de los primeros lugares en eludir el dominio persa, y los fenicios se inquietaron al ver partir a sus influyentes socios comerciales. Sintiendo la creciente debilidad del estado persa, los fenicios decidieron marcharse.

En este punto, el lector probablemente pueda adivinar qué ciudad-estado se rebeló primero. Los monarcas de Tiro vieron la oportunidad de irse y se unieron a una alianza anti-persa que incluía a Egipto, Chipre y Atenas. La alianza atacó Persia con todas sus fuerzas, pero fue derrotada decisivamente en una batalla naval en 381 a. C. Con el tiempo, otras ciudades-estado también se rebelaron contra los persas, incluida la poderosa Sidón. Desafortunadamente para Sidón, el nuevo gobernante persa, Artajerjes III, era mucho más formidable que sus predecesores. Lideró un ejército masivo para sofocar la revuelta en Sidón. Hacia el 344 a. C., todas las ciudades-estado fenicias volvieron a estar en manos de los persas.

Sin embargo, aún habría otro conquistador más en el horizonte.

La llegada de los macedonios

Mientras aún estaba bajo el control de los persas, Fenicia se enfrentaría a otro conquistador interesado en la adquisición de sus territorios y los bienes de lujo que controlaban. Estos serían los griegos macedonios, que fueron dirigidos por el famoso Alejandro el Grande, un rey que no tenía más de veinte años cuando marchó sobre Tiro en 332 a. C. Debido a su posición, Alejandro no pudo atacar la ciudad directamente desde el mar, y estaba demasiado amurallada a lo largo de la tierra para ser capturada rápidamente. En cambio, Alejandro inició un sitio y ordenó a sus hombres y esclavos capturados que construyeran una calzada de un kilómetro de largo (un poco más de media milla) hasta la isla donde estaba situada Tiro.

Alejandro el Grande

Esta calzada se construyó sobre un pequeño puente de tierra natural que tenía menos de dos metros de profundidad (un poco más de seis pies y medio), por lo que era la única oportunidad realista que tenían los macedonios para atacar la ciudad.[5]

Poco podían hacer los fenicios para retrasar la destrucción además de tratar de apedrear o disparar a los trabajadores de la construcción cuando se acercaban a los muros de Tiro. Finalmente, se completó y la artillería macedonia se acercó a la ciudad. Algunos de los restos aún existen en la región, ya que toda la pasarela fue construida en piedra.

Debido a que el agua cerca de la ciudad era más profunda que el resto, Alejandro el Grande no pudo llevar su calzada directamente a las murallas. En cambio, Alejandro se vio obligado a construir dos torres cercanas que medían alrededor de 50 metros (160 pies) de altura. La construcción de las torres se retrasó repetidamente por los ataques de Tiro y de la armada de Tiro, pero las plataformas de artillería en movimiento pronto se completaron. Se construyeron catapultas en la parte superior para atacar a los defensores de los muros de Tiro, mientras que se agregaron balistas debajo para arrojar piedras a los barcos de la marina y las partes inferiores de los muros. Estas torres y plataformas estaban hechas de madera, que era más fácil de transportar que la piedra, y estaban cubiertas con cuero crudo tratado para que los fenicios no pudieran destruirlas con flechas de fuego.

Los tirios estaban decididos a no dejarse vencer por las torres. Aunque las plataformas macedonias eran las más grandes de su tipo en ese momento de la historia, los fenicios utilizaron un viejo barco para transportar caballos e idearon un plan. Lo llenaron con una variedad de sustancias combustibles, incluido azufre, brea y ramas secas. Luego colocaron calderos colgantes llenos de aceite a lo largo de los mástiles para que cayeran cuando los mástiles se incendiaran. Pesaron la parte trasera del barco, por lo que el frente se inclinó hacia arriba y uego lo enviaron directamente a las torres antes de prenderle fuego.

---

[5] Stephen English, *The Sieges of Alexander the Great* (Wiltshire: Pen & Sword Books Ltd., 2010).

El barco se estrelló contra las torres y las llamas se extendieron rápidamente, ardiendo a lo largo de las enormes plataformas. Los calderos de aceite caían con espectaculares salpicaduras, enviando fuego en todas direcciones. Los macedonios estaban desorientados y el equipo de asedio se incendió rápidamente. Después, miembros de la armada de Tiro invadieron el muelle artificial y destruyeron todo lo que estuvo a su alcance, incluido el equipo restante y los soldados y esclavos macedonios que intentaron apagar los incendios.

Alejandro se sintió intimidado y frustrado, pero no había terminado. Deseaba Tiro.

Después de considerarlo cuidadosamente, se convenció de que la única forma de capturar la ciudad fenicia era mediante el uso de una armada consumada. Desafortunadamente para los fenicios, tuvo uno debido a sus conquistas anteriores de otras ciudades-estado fenicias que habían sido controladas por los persas, incluidas Arwad, Byblos y Sidón. Mediante la adquisición de barcos persas, Alejandro tenía una flota de ochenta barcos fuertes. Luego se unieron a ellos 120 galeras de guerra enviadas por Chipre, cuyo rey deseaba unirse a Alejandro, potencialmente como una forma de evitar ser dominado. Jonia en Grecia envió otros 23, dejando a Alejandro con una impresionante flota de 223 barcos listos para el combate. La armada de Tiro no tenía ninguna esperanza de victoria.

Alejandro navegó sobre Tiro y bloqueó los puertos por donde llegaban los suministros a la ciudad. Los barcos más lentos fueron reacondicionados con arietes, pero tuvieron que ser retirados porque Tiro había colocado enormes bloques de piedra bajo el agua para bloquear arietes muchos años antes. En cambio, los arietes estaban anclados cerca de las paredes, pero los tirios enviaron buzos para cortarlos. Alejandro luego reemplazó las cuerdas con cadenas. Los tirios intentaron lanzar otro contraataque, pero no tuvieron éxito. Los carneros macedonios rompieron los muros mientras su armada diezmaba los barcos fenicios, poniendo fin al asedio en un baño de sangre y masacre absolutos.

Una vez que Alejandro capturó Tiro, se volvió draconiano. Mató a 6.000 combatientes y crucificó a 2.000 de sus principales ciudadanos en la playa. Luego permitió que el rey permaneciera en el poder, pero asesinó a gran parte de la familia real y a cualquiera que se opusiera a los macedonios. La ciudad fue saqueada, los ciudadanos fueron golpeados en las calles y las mujeres fueron capturadas y violadas por los soldados. Más de 30.000 tirios fueron tomados como esclavos para el ejército macedonio. Después de una demostración de poder tan brutal, muchas de las otras ciudades-estado fenicias accedieron al gobierno macedonio sin luchar, temerosas de lo que podría suceder si se resistían.

Cuando Alejandro el Grande pereció en 323 a. C., Fenicia se dividió entre varios de los siguientes imperios creados por los sucesores de Alejandro, aunque la mayoría estaba controlada por la dinastía ptolemaica de Egipto. Entre 286 y 197 a. C., los ptolomeos redujeron la influencia de Fenicia sobre las rutas comerciales del Mediterráneo oriental e instalaron sumos sacerdotes de Astarté como gobernantes vasallos en toda la región. Esto provocó una tremenda reacción cultural y una recesión económica significativa en Fenicia, que luchó por prosperar y continuar su cultura con la influencia de Persia, Grecia y Egipto.

Capítulo 8 – Comercio y Economía

Los fenicios se encontraban entre los mayores comerciantes del mundo antiguo, capaces de controlar redes masivas de bienes a través del mar Mediterráneo, del este a Asia y de África. La mayor parte de su prosperidad podría atribuirse a las habilidades de sus comerciantes, que gobernaban los mares con mano de hierro y tecnología superior. Establecieron numerosos puestos de avanzada comerciales diseñados para ser accesibles por barcos que necesitaban atracar entre viajes para reponer sus suministros y vender bienes a una variedad de civilizaciones. La más estratégica fue Cartago en el noroeste de África, que estaba al sureste de Cerdeña y era necesaria para el transporte de plata y estaño desde Iberia y el norte de Europa. Sin embargo, los fenicios no siempre fueron un monstruo comercial, especialmente cuando tenían que enfrentarse a vecinos más poderosos.

Antes de que el Colapso de la Edad de Bronce despejara el camino para que se volvieran poderosos, los fenicios comerciaban principalmente con los griegos. En este momento, los griegos habían establecido una civilización deseable con numerosas ciudades-estado y puertos que salpican las pequeñas islas a lo largo del Mediterráneo. Los fenicios comerciaban con madera, esclavos, vidrio y un tinte en polvo llamado púrpura de Tiro. Los artesanos hicieron púrpura tiria a partir de las conchas trituradas de un caracol específico que vivía en los mares, y los funcionarios de élite lo utilizaron para colorear sus prendas y mostrar su estado con una sola mirada. El púrpura era el color más raro en el mundo antiguo, y era casi imposible de hacer, lo que le valió al tono un lugar deseable en la rueda de colores.

Con el tiempo, los griegos confiaron más en los fenicios. Liberaron parte de su dominio cuando el comercio y la colonización se extendieron por el mar Mediterráneo hasta que el mar se dividió en dos mitades, con los fenicios dominando el sur y los griegos controlando el norte. Eventualmente, esta situación cambiaría de cabeza, con los griegos manteniendo el este mientras los fenicios se establecieron en el oeste después de las guerras sicilianas.

Después de que el Colapso de la Edad del Bronce arrasó con muchas de las civilizaciones cercanas, los fenicios emergieron como una importante potencia naval y comercial alrededor del 1200 a. C. Esta vez, controlaron el inmensamente deseable tinte púrpura tirio, habiendo descubierto que podría derivarse de la glándula hipobranquial del caracol marino murex. Con este conocimiento y un suministro aparentemente ilimitado de caracoles de las costas que controlaban, los fenicios pudieron establecer un centro comercial masivo en Sarepta, una ciudad en el Líbano actual. Confiaron tanto en el caracol murex que los fenicios finalmente provocaron su extinción local por codicia por el hermoso lujo que proporcionaba. Antes de hacerlo, los fenicios hicieron del caracol y su tinte el centro de su imperio comercial e incluso lograron establecer un segundo centro de producción en la ciudad de Mogador, cuyas ruinas se encuentran en el Marruecos contemporáneo. Además del tinte, el vidrio fue otra exportación influyente de los fenicios debido a la dificultad para hacer platos, frascos y cuentas de vidrio.

Un componente importante del tinte púrpura de Tiro

Los fenicios no se limitaron a proporcionar artículos de lujo no consumibles. También fueron excelentes para llenar los vacíos en los inventarios de otras civilizaciones, especialmente el cercano Egipto. Tras el colapso de la Edad del Bronce, los egipcios lucharon por recuperar su equilibrio en el mundo antiguo, una situación que no fue ayudada por años de tumultuoso gobierno dinástico. Una cosa que a los egipcios les faltaba especialmente cuando se trataba de lujos era el vino.

Las vides no podían crecer en Egipto, pero los fenicios poseían amplios paisajes costeros para cultivar enormes viñedos capaces de producir un vino rico. Los barriles solían enviarse al sur del Líbano y Sarepta, donde el vino se almacenaba en vasijas hechas a mano y se vendía a Egipto a cambio de oro nubio. Los historiadores poseen un gran conocimiento sobre estas transacciones gracias a los naufragios vívidamente documentados que fueron descubiertos en 1997 a unas treinta millas al oeste de Ascalon, conocido como Ashkelon hoy. Según todos los informes, los egipcios eran uno de los mayores consumidores de vino importado y proporcionaban gran parte del oro que se destinaba a la fabricación de joyas fenicias para hombres y mujeres.

Al mismo tiempo, los fenicios habían descubierto que los egipcios también carecían de madera, ya que su tierra era principalmente desértica y llanuras aluviales alrededor del río Nilo. Entonces, los marineros y comerciantes comenzaron a traer enormes troncos de cedro de las montañas del Líbano a Egipto y los cambiaron por aún más oro, lino, papiro e incluso piel de vaca. Una transacción bien documentada ocurrió en algún momento entre 1075 a. C. y 1060 a. C. Un enviado egipcio llamado Wen-Amon llegó a Fenicia y compró siete enormes troncos de cedro por la desmesurada suma de "4 vasijas y 1 kak-men de oro; 5 jarras de plata; 10 prendas de lino real; 10 kherd de buen lino del Alto Egipto; 500 rollos de papiro terminado; 500 pieles de vaca; 500 cuerdas; 20 bolsas de lentejas y 30 canastas de pescado". Wen-Amon llevó la mercancía de regreso a Egipto en barco y se pensaba que había conseguido mucho por sus siete troncos, que se podían dar vuelta y vender por una suma aún mayor en casa.

Sin embargo, el camino para convertirse en los comerciantes más poderosos del Mediterráneo llevaría tiempo. Antes de que se convirtieran en comerciantes de renombre, la evidencia arqueológica indica que la economía fenicia primitiva dependía en gran medida de la agricultura y la ganadería. Los fenicios originales heredaron este conocimiento de sus predecesores en el Levante y, por lo tanto, pudieron utilizar el clima templado de su posición en el mar Mediterráneo para producir vastas cosechas básicas de trigo y cebada. Estos alimentos podrían usarse para mantener a una población masiva y a menudo extendida, pero los extras también eran bienes comerciales valiosos que podían transferirse a socios en Egipto o más al este.

Las florecientes economías agrícolas de los fenicios dependían de cultivos rentables como el trigo, pero eventualmente se ramificarían gracias a desarrollos tecnológicos como sistemas de riego y arados duraderos tirados por bueyes en lugar de músculos humanos. Hacia el 1200 a. C., los artefactos indican que la agricultura permitió que Fenicia se volviera tan próspera que los miembros de la población pudieran dedicarse a otras actividades, lo que condujo a una floreciente economía marítima en las orillas del Mediterráneo. Estas economías eventualmente se traducirían en asentamientos y colonias en todo el Mediterráneo, ya que la destreza marítima fenicia permitió a la civilización superar a su competencia y reclamar ubicaciones ventajosas.

El mar se convirtió en el componente integral de toda la economía fenicia, con dos bienes comerciales primarios que emergen de sus profundidades saladas: una variedad de peces sabrosos y los caracoles necesarios para hacer el raro tinte púrpura. La industria de la construcción naval floreció aún más y fue un componente necesario de la economía que fue impulsada por el agua. Para obtener la madera necesaria para la construcción naval, los fenicios talaron los bosques cercanos para sus enormes cedros y arrastraron los troncos a la costa para darles forma. Cuando fue posible, los fenicios evitaron comprar madera de otras civilizaciones.

Desafortunadamente, como es el caso de la mayoría de las situaciones relacionadas con los fenicios, los arqueólogos e historiadores luchan con la falta de evidencia directa de las costumbres y prácticas comerciales. La mayor parte de lo que se sabe sobre socios comerciales y bienes proviene de los registros de civilizaciones amigas cuyas tablillas explican lo que trajeron consigo los fenicios, con quién preferían hacer negocios y qué precios alcanzarían sus bienes en los mercados locales y extranjeros. Uno de los beneficios de estas tabletas es que brindan una excelente información económica, ya que los comerciantes rara vez mienten sobre sus transacciones, pero viene con la desafortunada falta de una perspectiva fenicia sobre el comercio.

Lo que los historiadores entienden es que los fenicios se basaron en el poder blando, o el poder político de su comercio y cultura para influir en otras civilizaciones y evitar la guerra cuando fuera posible. Si bien su armada era poderosa, Fenicia evitó los conflictos porque su cultura, en general, se centró en la adquisición de riquezas para prosperar. En el siglo XII a. C., los fenicios poseían una economía mixta que había incorporado los sectores agrícola, industrial y comercial con excelentes resultados.

De estos tres sectores, los dos más importantes fueron la agricultura y el comercio. Además de ser muy conocidos por su comercio y artículos de lujo, los fenicios fabricaban una impresionante cantidad de vino que era codiciado en todo el Mediterráneo por su excelente sabor y calidad. Si existieran sommeliers en la antigüedad, sin duda habrían podido identificar un cabernet fenicio a una milla de distancia.

A los efectos de discutir su economía, es mejor dividir los temas según su función principal sea la agricultura o el comercio. Si bien hubo algo de industria, se centró principalmente en la construcción naval.

El Sector agrícola

Los fenicios dependían de la agricultura para alimentar a una población en crecimiento que consumía más de lo que producía en lo que respecta a alimentos. Los cultivos de cereales y la viticultura (viticultura) fueron los más importantes, pero Fenicia también tenía sus propias verduras y animales domésticos reservados para uso local. En primer lugar, en esta discusión están los granos de cereales, que se refieren a plantas como la cebada y el trigo que podrían usarse para hacer "cereales" o un tipo de papilla.

La agricultura y la ganadería formaron la mayor parte de la economía fenicia, aunque muchos asocian la civilización con el comercio. La mayoría de las cosechas de cereales se destinaban a los campesinos que las cultivaban y necesitaban las calorías para sobrevivir. Existe evidencia de que la mayoría de los agricultores fenicios usaban los cultivos para pagar sus impuestos. Estos granos se transportarían a la fortaleza de un noble, donde la comida se guardaría para uso personal o se vendería a comerciantes. Dado que la economía era una mezcla de rural y urbana, muchos terratenientes más ricos pagaban a los trabajadores con comida además de algo de dinero. Al igual que en los antiguos babilonios, existe evidencia que indica que la cantidad de comida que recibía un trabajador era proporcional al género, la edad y el tamaño general. Entonces, un joven recibió casi el doble que una anciana.

El cultivo agrícola no fue un proceso simple. Debido a que los fenicios estaban en la costa, la frecuente escasez de agua dulce combinada con la salinidad del suelo significaba que los agricultores debían estar bien informados sobre el riego para crear reservas de agua. Las principales ciudades-estado crecieron alrededor de tierras cultivables que formaban graneros en miniatura, y aprovecharon los sistemas de riego para desarrollar sistemas de alcantarillado público rudimentarios para mantener las ciudades relativamente saludables y limpias. La tecnología del riego también se utilizó para desarrollar cisternas y crear una red que abasteciera de agua dulce a las ciudades para comerciantes y trabajadores. Las investigaciones arqueológicas revelaron que los fenicios "cultivaron las laderas más bajas de las montañas libanesas", lo que aumentó la cantidad de espacio de cultivo disponible y facilitó todo el proceso de riego en general.[6]

A pesar del cultivo extensivo, Fenicia tenía un déficit de cereales. La población creció constantemente desde la Edad del Hierro en adelante, y el terreno árido y rocoso dificultaba el mantenimiento de grandes campos de cereales. Por lo tanto, los fenicios tenían la tendencia de cultivar cebada siempre que era posible, incluso si eso significaba atender pequeñas parcelas de cultivos. La cebada se recolectaba y almacenaba en silos para conservar los granos, y se prefería al cultivo de trigo porque resistía mejor la salinidad del aire. Para complementar su alimentación, casi todos cultivaron sus propias frutas y verduras para completar su dieta y reducir el déficit.

Si bien la agricultura de cereales era esencial para la supervivencia, los fenicios reforzaron su sector agrícola participando en una viticultura extensiva. La viticultura es una rama de la horticultura que

---

[6] Woolmer, *Ancient Phoenicia*, p. 71.

se centra en el cultivo de uvas para el vino. A diferencia de los cereales, que requerían toneladas de agua dulce y espacios abiertos del que carecía el terreno, Fenicia era en realidad perfecta para el cultivo de uvas. Era soleado, rocoso y se mantuvo cálido durante todo el año, lo que permitió que las vides crecieran y proporcionaran a los fenicios una cantidad impresionante de vino que luego podían intercambiar por más grano para combatir el déficit. Como era de esperar, las uvas frescas en sí también eran deseables y podían comprarse y venderse a precios elevados en el mercado.

Uvas tintas mediterráneas

Un producto similar fue la aceituna. Las aceitunas eran un alimento básico de la dieta mediterránea, y los fenicios podían cultivar olivos fuertes y prensar los frutos para convertirlos en aceite que se conservaría, vendería o usaría para rituales religiosos. Al igual que las uvas, las aceitunas frescas también fueron apreciadas y compradas por civilizaciones como los egipcios, que querían comerlas frescas. Autores como Mark Woolmer, profesor de doctorado en historia antigua, afirman que las aceitunas no solo demostraron estabilidad política, sino que también fueron importantes porque crecieron bien y maduraron en diferentes momentos que los cereales, lo que significa que había mano de obra disponible para cosechar ambos.

Un olivo mediterráneo

El vino y el aceite de oliva disfrutaron así de una posición codiciada en la economía fenicia y de herramientas de comercio en todo el mundo antiguo. En 1999, los arqueólogos descubrieron dos buques mercantes hundidos que, al ser explorados, revelaron una serie de ánforas selladas con discos de madera de pino. Las bodegas estaban llenas de estos barcos y parecían haber sido barcos dedicados al transporte de vino y aceite. No todo se comercializó, por supuesto, ya que los miembros de la población local también disfrutaron de los frutos de su trabajo, literalmente. Se creía que uno de los únicos filósofos fenicios conocidos, un hombre llamado Zenón, era tan aficionado al vino que murió por una dosis alcohólica por consumir demasiado en una sola toma.[7]

Además de los cultivos, Fenicia también se dedica a la cría de animales, en particular al ganado. Sin embargo, también domesticaron otros animales para satisfacer sus propósitos. El ganado era el animal más popular debido a su sabrosa carne y su capacidad para producir leche, pero los burros le siguen de cerca. Mientras se comía ganado, los burros eran necesarios para transportar mercancías a través del terreno rocoso del Líbano actual. Las ovejas eran excelentes para tener lana y las cabras eran esenciales para la leche.

---

[7] Algunos historiadores especulan que los textos también podrían referirse a la insuficiencia hepática tras un consumo permanente, pero la teoría no está clara.

Sorprendentemente, las ovejas y las cabras fueron quizás los primeros animales domesticados, y parecían ser llamados "ganado pequeño" en lengua fenicia. Se mantuvieron en grandes bandadas en lugar de en pequeñas granjas. La mayoría de los rebaños estaban controlados por el estado, los templos regionales o los terratenientes ricos que tenían los medios para permitir el pasto.

El pastoralismo era el nombre del juego, aunque la mayoría de los pastores eran mano de obra contratada. Debido a que el robo de ovejas y cabras eran delitos graves, cualquier animal que se matara mientras estaba bajo la vigilancia de un asalariado debía presentarse al propietario como prueba de que no lo robó. La lana se usaba para confeccionar ropa y la leche de cabra hacía deliciosos quesos y yogur para el consumo.

Además de los pastores, los rebaños estaban protegidos por perros domesticados. El perro era el principal animal doméstico fenicio y desempeñaba un papel importante en la protección de los animales de la fauna local. Los historiadores han rastreado dos razas hasta los fenicios: un gran perro gris y una raza que ya no existe, pero que era tan alta y fuerte como un mastín o un gran danés moderno. Existe alguna evidencia de que los perros domésticos podrían usarse como animales de guerra y lo más probable es que no se comerciaran con otras civilizaciones. No se puede decir lo mismo de los patos, gallinas y gansos, que eran aves populares.

Finalmente, los fenicios destacaron por su apicultura. La miel sirvió como la principal fuente de azúcar para la población, y la capacidad de cuidar a las abejas era una habilidad preciada. La apicultura de colmena posee una historia que se extiende a lo largo de miles de años, por lo que no debería sorprender que la miel fuera popular en esta época. Además de este producto alimenticio de color ámbar, los apicultores también cultivaban y usaban cera de abejas, que creaba un sellador hermético y podía utilizarse con fines medicinales.

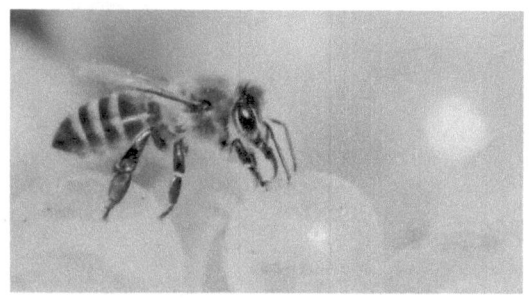

El Sector Comercial

Los fenicios eran, ante todo, comerciantes, y se dedicaban al comercio interregional a una escala sin precedentes. Sin embargo, a pesar de ser comerciantes extensivos, un rasgo que se destaca de sus prácticas fue que no implementaron la acuñación de monedas nacionales hasta mediados del siglo V a. C. Los historiadores atribuyen este fracaso a la adopción de la moneda a la historia de colonización de Fenicia, especialmente cuando la civilización se convirtió en vasallo de los persas. Era más fácil comerciar con una amplia variedad de socios mientras se usaba un sistema de trueque e intercambio, y los propios persas usaban un sistema de intercambio que no requería monedas.

Eventualmente, la moneda se filtró en Fenicia luego de la afluencia de comerciantes griegos que llegaron a las ciudades-estado fenicias después de las guerras persas. Grecia fue una de las primeras civilizaciones en acuñar su propia moneda, y ciudades-estado como Sidón y Tiro siguieron su ejemplo para mantenerse al día con la práctica comercial. El resultado fue que Fenicia adoptó las monedas, pero también tuvo un sistema en el que cada ciudad-estado demostraba su autonomía produciendo su propia moneda[8].

---

[8] Dato interesante: Muchas monedas no pertenecen a instituciones como museos y se compran y venden regularmente en línea como artefactos intrigantes o posesiones preciadas para los coleccionistas de monedas. Aunque el dinero ya no está en circulación, las monedas siguen siendo valiosas hoy en día.

Un shekel cartaginés, c. 237-227 a. C.

La moneda fenicia se basó en temas e ideas presentes en sus contrapartes griegas, incluida la representación del gobernante actual o una deidad favorita en el anverso y algún tipo de símbolo nacional en el reverso. La moneda de la ciudad-estado de Cartago arriba tiene el rostro del dios Melqart, su deidad preferida, así como un elefante de guerra, un elemento básico de la provincia del norte de África. Lugares como Sidón, Byblos y Arwad siguieron su ejemplo, eligiendo representar una galera (un tipo de barco) en su moneda.

Debido a que las monedas se desarrollaron mientras los fenicios luchaban bajo el dominio persa, no se utilizó oro. Esto se debe a que la moneda predeterminada era el shekel persa de oro, y el metal raro se destinaba a la acuñación de esos. En cambio, los fenicios hicieron varias monedas de plata y luego incorporaron bronce para denominaciones más pequeñas que podrían ser utilizadas por el ciudadano promedio. Como cualquier otra moneda, el dinero fenicio tardó varios años en generalizarse.

Como comerciantes, los comerciantes fenicios se mantuvieron al tanto de las diversas complejidades del sector comercial. Mientras continuaban comerciando con los productos agrícolas producidos en el interior, también se esforzaron por trabajar como prestamistas y necesitaban navegar en una posición única en la sociedad. Todos los comerciantes operaban bajo los auspicios de la monarquía o la nobleza local, y se esperaba que participaran en un sistema de entrega de obsequios, intercambio y comercio regular. Este sistema era difícil de navegar y requería que los comerciantes adoptaran un papel diplomático en la forma en que realizaban sus negocios.

se entrelazaron alrededor del siglo XIV a. C. cuando los comerciantes "no solo participaron en la administración pública, sino que el estado les confió la organización de agencias comerciales y la compra y venta en calidad de enviados del rey". Este era un vestigio del período antiguo, donde los miembros de la casa real solían hacer todo el comercio de la región. En el siglo VIII a. C., los comerciantes pudieron romper con el antiguo sistema y desarrollar su propia casta o clase mercantil, lo que permitió a familias e individuos privados acumular riqueza para sus propios fines.

Estos comerciantes disfrutaban de un estatus social y un prestigio que los distinguía de los nobles regulares y la gente común. Un comerciante fenicio era un profesional calificado y especialista; Fueron bien educados y, a menudo, se convirtieron en parte de la familia real ampliada a través del matrimonio y la política. Sus habilidades tenían una gran demanda y la mayoría sabía leer, escribir y hacer cálculos para mantener sus vastas redes. Los préstamos se dispararon y, en los siglos VII y VI a. C., los historiadores ven patrones que indican que los comerciantes comenzaron a formar sus propias "casas" o redes que recuerdan a los gremios medievales de especialistas y artesanos. Incluso la familia real comenzó a comerciar para ganar más riqueza privada y no para ayudar a la ciudad-estado. Los intereses públicos y privados se mezclaron, creando una economía fuerte.

Cuando todo está dicho y hecho, los sectores agrícola y comercial de la economía fenicia no habrían prosperado sin el mar Mediterráneo. Desde su posición en la costa, se suponía que los fenicios ejercerían una inmensa influencia si podían llevar sus bienes a través de las profundidades saladas. Para hacerlo, necesitaban los mejores barcos disponibles que pudieran transportar artículos, pero también resistir y derrotar a los piratas: necesitaban una marina mercante.

Navegando con una Marina Mercante

En la cultura moderna, los fenicios son los más conocidos por su formidable armada. La construcción naval se realizó principalmente en Biblos, y los buques terminados se pudieron transportar a otros lugares a través de vías fluviales. El comercio se podía realizar en galeras, donde cincuenta parejas de marineros musculosos remaban cuando no se podía confiar en el viento y las olas. La proa delantera podría usarse para embestir piratas y trirremes cuando sea necesario, y los marineros dispararían flechas a los barcos que se aproximaban.

Debido a que los fenicios escribieron en papiro y carecen de una gran cantidad de registros conservados, los historiadores y arqueólogos modernos han utilizado los naufragios para reconstruir las plantillas de las embarcaciones, así como la carga más común. Los fenicios eran muy apreciados por sus productos y lograron evitar la mayoría de las excursiones militares, pero a menudo eran susceptibles a la piratería. Mucha gente estaba interesada en sus lingotes de oro y plata, aceite de oliva, vino, tintes morados y madera de cedro.

Según los arqueólogos, había tres tipos diferentes de barcos. Cada uno tenía quillas poco profundas para poder atravesar los muelles y bahías de las ciudades-estado. Los buques de guerra eran birremes, que tenían dos largas filas de remos. El frente incluía un ariete, al que se podía acceder a través de la amplia plataforma. El segundo tipo de barco también era un birreme, pero tenía un casco ancho capaz de almacenar carga. Los lados de la cubierta también eran altos y estaban reforzados para que la carga también pudiera almacenarse en la parte superior. Estos barcos comerciales a menudo viajaban en grupos de entre veinte y cincuenta a la vez y estarían rodeados por barcos de guerra.

Por último, había un buque comercial mucho más pequeño que podía utilizarse para viajes cortos. Este poseía un solo banco de remos y a menudo tenía una cabeza de caballo en la proa para decoración y protección religiosa potencial. Estos barcos no se utilizaron con frecuencia; Los arqueólogos piensan que podría haber sido utilizado para pescar o realizar pequeñas excursiones por la costa.

Debido a su papel como antiguos marineros, los fenicios carecían de dispositivos de navegación como la brújula. En cambio, confiaron en su conocimiento de las características naturales de la costa y las estrellas. Los historiadores creen que la constelación más importante fue la Osa Menor. El North Star era esencial para la navegación y el seguimiento de las direcciones cardinales. Hasta hace poco, debido a su dependencia de la costa para marcar sus rutas, la mayoría de los historiadores creen que los fenicios se apegaron a los bajíos y solo navegaron durante el día, levaron anclas por la noche y esperaron la mañana antes de moverse nuevamente. Recientemente, esta opinión ha sido cuestionada. De hecho, podría haber sido más peligroso para los fenicios permanecer más cerca de las costas. Los marineros estarían sujetos a más peligros como rocas y bajíos allí, lo que podría dañar sus embarcaciones y provocar naufragios.

El barco fenicio promedio era capaz de moverse a una velocidad de seis millas por hora. Para llegar del Levante a una colonia en la península ibérica, los viajeros tardarían casi noventa días, que sería casi toda la temporada de navegación. La tripulación tendría que esperar hasta el próximo año para hacer el viaje de regreso.

Además de esta información, es difícil para los historiadores distinguir otros hechos concretos. Las rutas preferidas por los fenicios son un tema de acalorado debate, y los eruditos se pelean entre sí para determinar cuáles son las verdaderas. Si bien hay naufragios sobrevivientes, las corrientes naturales del mar los habrían desplazado por muchas millas. Sin embargo, se sabe que los valientes navegantes lograron algunas hazañas inusuales, incluido un intento de navegar alrededor del continente africano y llegar al océano Índico para encontrar nuevos productos para comerciar.

Capítulo 9 – Lengua y Alfabeto

Aunque los fenicios eran cananeos, desarrollaron su propio lenguaje único que se transformó con el tiempo del tradicional cananeo semítico a algo llamado fenicio, o *Put* en documentos egipcios antiguos. Este idioma sería parte del subgrupo cananeo de los idiomas semíticos del noroeste debido a su estructura gramatical y raíces similares a las del cananeo tradicional, pero logró distinguirse por estar codificado, se le asignó un alfabeto claro y fue algo estandarizado por los escalones superiores. de la sociedad. Otros miembros de la misma familia lingüística son el hebreo, edomita, moabita y amonita. Todos se desarrollaron en sociedades que comenzaron como cananeos y luego formaron sus propias culturas separadas.

Debido a que los fenicios poseían una extensa red de ciudades-estado, el idioma se hablaba en la región costera del Mediterráneo. Algunas de las áreas donde podría haberse escuchado incluyen la región de la Gran Siria y Anatolia, que abarca países de hoy en día como Líbano, Israel / Palestina, Siria, Turquía y Chipre. También se pudo escuchar en áreas colonizadas como el actual Marruecos, Argelia, Libia, Túnez, Sicilia, Cerdeña, Córcega, Malta, Islas Baleares y la mayor parte del sur de España. Si bien funcionaba como un idioma común, lo que significa que la gente de clase baja lo hablaba a diario, también se enseñó y aprendió como un idioma de prestigio entre los griegos y los egipcios para un comercio más efectivo entre civilizaciones.

Aunque fueron precedidos por otras sociedades cananeas, los fenicios fueron la primera sociedad a nivel estatal que utilizó el alfabeto semítico a un nivel generalizado para enseñar y comprender el idioma. El alfabeto que lo acompaña es también el alfabeto consonántico verificado más antiguo del mundo, lo que significa que es el primer alfabeto con caracteres que representan consonantes que tiene evidencia que respalda su edad. La mayoría de los arqueólogos consideran que el idioma es "protocananita" hasta el 1050 a. C., cuando los artefactos restantes comienzan a tener un idioma más distinto. Los estudiosos creen que el alfabeto fonético fenicio podría ser en realidad un antepasado parcial de casi todos los alfabetos contemporáneos que existen, con excepciones hechas por la distancia.

El alfabeto fenicio temprano

El fenicio ocupa un lugar único desde una perspectiva lingüística simplemente porque los eruditos luchan por determinar qué tan diferente era del cananeo, lo cual no se comprende bien. Los textos y los artefactos no indican si el fenicio poseía ligeras diferencias, fue superficial en su desarrollo o si se trataba de un lenguaje verdaderamente complejo y único. Cualquiera que sea el caso, su alfabeto se adoptaría en todo el Mediterráneo debido a su importancia para el comercio. Un ejemplo de esto en tiempos más contemporáneos es cuántos países y culturas aprendieron a hablar inglés para hacer negocios con East India Company y otras empresas modernas de forma regular.

El alfabeto fenicio se extendió rápidamente a los griegos, quienes lo utilizaron como plantilla para crear su alfabeto griego. El alfabeto griego, a su vez, se extendió a los etruscos y romanos, y estos últimos crearon el alfabeto latino. Varias culturas del norte de África también lo adoptaron, incluidos los pueblos de la región de Marruecos. En algún momento, la futura civilización cartaginesa colonizaría gran parte del Mediterráneo occidental y difundiría también el fenicio, donde se convertiría en la lengua púnica distintiva. El púnico se extinguió mucho después del fenicio desde que sobrevivió hasta el siglo V d. C. Los romanos colonizarían las antiguas áreas cartaginesas, difundiendo el latín.

El Alfabeto

Después de décadas de usar la escritura protocananita, los fenicios finalmente desarrollaron su propio alfabeto para registrar su idioma. Este guion se llama abjad, lo que significa que se centra en el uso de consonantes en lugar de sílabas cuando se trata de caracteres escritos. Muchos historiadores creen que el fenicio fue esencial porque formó la base del alfabeto griego posterior, que, a su vez, influyó en el alfabeto latino. Como se mencionó anteriormente, los cartagineses también continuaron usando el alfabeto después de que los mismos fenicios desaparecieron, lo que resultó en la forma púnica única de la escritura.

La escritura púnica era ligeramente diferente de la fenicia original. Mientras que los fenicios escribieron en grandes letras mayúsculas, los cartagineses desarrollaron una forma más cursiva en sus letras. Alrededor del siglo III a. C., el alfabeto púnico presentaba la presencia de vocales, que los fenicios habían ignorado en gran medida. Las vocales finales también recibieron más atención y, a veces, tienen caracteres como un aleph o un ayin que las marcan. La letra aleph es un carácter derivado de la apariencia de la cabeza de un buey, mientras que un ayin es un símbolo en algunos alfabetos que significaba que la persona necesitaba pronunciar un carácter con una fricativa faríngea. En otras palabras, ambos símbolos cambiaron las pronunciaciones tradicionales y pusieron énfasis en la vocal final.

El alfabeto púnico formó quizás la huella más duradera del fenicio original, y continuó creciendo y evolucionando durante siglos. Alrededor de la época de la segunda guerra púnica, el guion se volvió aún más cursivo en apariencia. Esto evolucionaría neopúnico, que era más conservador que el púnico original. Por conservador, esto significaba que tenía menos detalles, lo cual era apropiado, ya que surgió después de la destrucción de Cartago por Roma alrededor del 146 a. C. El neopúnico estaba más organizado y estandarizado que el púnico normal y el alfabeto fenicio original porque tenía "letras consonánticas" específicas para distinguir los sonidos de las vocales. Esto fue diferente porque el fenicio original no marcaba las vocales, mientras que el púnico tenía un par de formas de escribir un sonido de una sola vocal, lo que podía resultar confuso para las personas que intentaban leer el guion, incluso con el contexto.

Con todo esto en mente, ¿qué hizo diferente al fenicio? Ciertamente, era diferente de otras abjads de la época, como el arameo, el árabe y el hebreo bíblico. En la forma escrita, las vocales largas no se expresan y no se registran incluso si provienen de diptongos. Esto significaba que cualquiera que leyera un documento fenicio necesitaría saber cómo se pronunciaban las palabras y qué consonantes estaban involucradas; de lo contrario, la escritura sería ininteligible. No fue hasta que el fenicio se convirtió en púnico que los escribas y escritores comenzaron a usar símbolos para marcar las vocales finales y largas, lo que les dio a los eruditos modernos una oportunidad de luchar cuando se trata de descifrar el idioma. Los lingüistas e historiadores saben más sobre las vocales fenicias gracias a estas inscripciones púnicas, que se traducían con frecuencia al griego y a otros idiomas.

Ejemplos de elementos que han sobrevivido

El fenicio, combinado con el púnico, tiene aproximadamente 10,000 inscripciones sobrevivientes alrededor del Mediterráneo que pueden ser examinadas por lingüistas históricos para reconstruir el idioma. Estas inscripciones se pueden complementar con los glosarios de libros escritos en otros idiomas antiguos como el griego, el latín y el árabe, que explican un par de palabras y ofrecen traducciones aproximadas. Aunque los fenicios parecían ser escritores prolíficos debido a la naturaleza de su civilización comercial, pocas fuentes han sobrevivido, lo que significa que es difícil para el público contemporáneo comprender completamente el idioma y el alfabeto fenicio.

Cuando llegó el momento de escribir, los fenicios no optaron por utilizar tablillas de barro o arcilla y evitaron las inscripciones en piedra a menos que estuvieran destinadas a un ataúd o una tumba. En cambio, los comerciantes y escribas usaban papiros o hojas de pergamino que se habrían degradado rápidamente, haciendo casi imposible que sobrevivieran los ejemplares. Esto significa que no hay historias ni registros comerciales, ya que todo el papiro y el cuero se pudrieron o moldearon en las condiciones húmedas que rodeaban las ciudades-estado fenicias junto al mar. Esta joya de una civilización literalmente degradada en la tierra a pesar de que los fenicios fueron los responsables de difundir la alfabetización y la capacidad de escribir entre numerosas clases sociales y miembros de la población. Las únicas fuentes físicas disponibles, además de las de las tumbas, son un par de cartas y notas sobre cerámica rota, tres fragmentos de papiros y algunas inscripciones monumentales talladas en piedra.

Tal falta de información es abrumadora y decepcionante, considerando que los fenicios y cartagineses parecían escribir libros enteros, como aluden autores romanos como Salustio. Solo unos pocos volúmenes sobrevivieron gracias a la rara traducción al latín o la preservación de un par de fragmentos de obras de teatro romanas; para ver algunos ejemplos, consulte el tratado de Mago o las obras de Plauto. Fenicio siguió siendo un misterio que no fue hasta que el Cippi de Melqart fue descubierto en Malta en 1694 EC que un erudito francés, Jean-Jacques Barthelemy, pudo descifrar y reconstruir el alfabeto púnico alrededor de 1764. El Cippi de Melqart era bilingüe inscripción en griego antiguo y púnico.

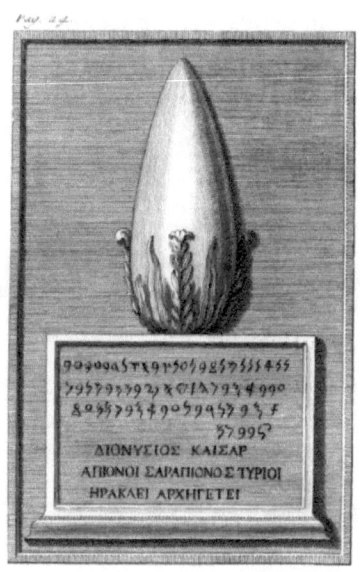

Dibujo de Guyot de Marne del Cippi de Melqart, c. 1760

Además del Cippi de Melqart, existen pocas inscripciones significativas de fenicio. Algunos de los ejemplos más conocidos e influyentes son el sarcófago de Ahiram, la Piedra de Nora, las Tablas de Pyrgi y el Templo de Eshmun.

El sarcófago de Ahiram es el sarcófago de un rey fenicio de Biblos que gobernó c. 1000 a. C. El lugar de descanso de piedra fue descubierto en 1923 por el excavador Pierre Montet en la tumba V de la necrópolis real de Biblos. El sarcófago tiene magníficos bajorrelieves y 38 palabras escritas en un antiguo dialecto fenicio de la región de Biblos. Actualmente reside en el Líbano y proporciona una excelente fuente del alfabeto fenicio original y algunas de las imágenes y obras de arte comunes de la época. La traducción de las 38 palabras parece decir lo siguiente (según el trabajo más reciente realizado por lingüistas antiguos):

Un ataúd lo hizo [Pil] sibaal, hijo de Ahirom, rey de Biblos, para Ahirom, su padre, he aquí, así lo puso en reclusión. Ahora bien, si un rey entre reyes y un gobernador entre gobernadores y un comandante de un ejército subieran contra Biblos; y cuando luego descubra este ataúd - (entonces :) puede despojarse del cetro de su poder judicial, puede ser derribado el trono de su reino, y la paz y la tranquilidad pueden huir de Byblos. Y en cuanto a él, uno debe cancelar su registro con respecto al tubo de libación del sacrificio conmemorativo.[9]

El sarcófago de Ahiram

La Piedra de Nora, también llamada Inscripción de Nora, es una estela de piedra descubierta en la costa sur de Cerdeña en 1773 EC. La estela proviene de finales del siglo IX o principios del VIII a. C. y es una de las inscripciones más antiguas encontradas en Cerdeña. Las inscripciones han sido difíciles de traducir, pero los estudiosos creen que transmiten el mensaje de que un general ganó una batalla influyente en la región y erigió la estela como un monumento a su victoria. Otros dan a la escritura una connotación más religiosa.

---

[9] Reinhard G. Lehmann: Die Inschrift(en) des Ahirom-Sarkophags und die Schachtinschrift des Grabes V in Jbeil (Byblos), 2005, p. 38.

Las Tablas de Pyrgi son un par de tablillas bilingües que presentan inscripciones en etrusco y fenicio. Han sido fechadas en 500 a. C. y fueron descubiertas en 1964 d. C. Fueron encontradas durante la excavación de un santuario de la antigua Pyrgi en la costa tirrena de Italia, lo que explica la presencia de etruscos. La escritura parece ser una dedicatoria a la diosa fenicia 'Ashtaret.

Finalmente, está el importante Templo de Eshmun. Este templo estaba dedicado a la deidad Eshmun, que era un dios fenicio de la curación. El templo está ubicado en el noreste de Sidón en el Líbano, y parecía estar ocupado entre el siglo VII a. C. y el siglo VIII d. C. Después de los fenicios, otras culturas, como los nativos sidonios y árabes, ocuparon el templo. Este templo es un gran ejemplo de la arquitectura fenicia, pero también cuenta con varias inscripciones influyentes que han permitido a los estudiosos descifrar un poco del idioma y el alfabeto fenicio. La mayoría de las inscripciones se encontraron durante el siglo XX d. C. e incluyen ejemplos como los siguientes:

Por lo que se ha podido averiguar, esta inscripción en particular es una escritura funeraria del siglo IV a. C. para el rey Bodashtart de Sidón.

Capítulo 10 – Religión

Los historiadores no poseen muchas fuentes primarias para la religión fenicia y, en cambio, deben confiar en los informes sesgados y a menudo negativos dados por civilizaciones vecinas como la judía y los cristianos posteriores en Israel, Babilonia y Egipto. Alrededor de este punto en el tiempo, surgió un cisma religioso entre aquellos que practicaban religiones politeístas, o religiones que tienen múltiples deidades, y poblaciones que abrazaron el monoteísmo o la creencia en un solo dios. Los primeros judíos y cristianos, particularmente en Israel y áreas cercanas, escribieron negativamente sobre civilizaciones rivales, y sus obras se han conservado bien debido a la continua popularidad de las religiones abrahámicas en la sociedad moderna.

La información directa sobre la religión fenicia solo proviene de las inscripciones que se dejan en los sarcófagos y en las tumbas, pero esto a menudo no es suficiente para contrarrestar las acusaciones de comportamientos viles y monstruosos como el sacrificio humano ritual, que era común en casi todas las religiones de la Edad del Bronce y principios de la Edad del Hierro. Las inscripciones revelan que los fenicios eran profundamente politeístas y heredaron el panteón mesopotámico de sus antepasados cananeos, que destacaban al dios creador único de Ba'al y un panteón masivo de otras deidades.

Figurín de Bronce de Ba'al, siglo XIV-XII a. C.

Sin embargo, es difícil describir un panteón fenicio, ya que cada ciudad-estado adoptó una deidad diferente para proteger la región. Esta figura recibía la mayor cantidad de libaciones y oraciones y era vista como la deidad más importante o influyente en el panteón fenicio, así como la religión en su conjunto, dentro de una región determinada. Entonces, mientras que una ciudad puede adorar a Ba'al más que las otras, otra podría pensar que Astarté es la más significativa.

Mientras que Ba'al era el dios predominante hasta 1200 a. C., todo esto cambió con una agitación religiosa que resultó en que los fenicios empezasen a adorar a dioses menos conocidas como Astarte y crear nuevas deidades como Melqart, Eshmun y Reshef. Además de estos dioses y diosas, los fenicios también fueron influenciados considerablemente por los panteones de los egipcios, hurritas, mesopotámicos y otros, por lo que el número total de deidades adoradas por los fenicios provino de una mezcolanza de múltiples culturas.

La Práctica del Culto

Cuando el público contemporáneo escucha la palabra "culto", a menudo piensa en una religión malvada y secreta o en líderes como Jim Jones, que orquestó suicidios masivos entre seguidores fanáticos (en inglés, "cult" quiere decir "secta"). Para las religiones antiguas, el término culto se refiere a las prácticas de los seguidores de una deidad en particular. Por ejemplo, estaba el culto a Melqart y el culto a Ba'al. Estas prácticas variaron entre ubicaciones, pero también compartieron algunas similitudes centrales significativas, especialmente en relación con el calendario.

El calendario de culto fenicio se inspiró en el agrícola, y los sacrificios se relacionaban con la siembra, la cosecha y otros eventos importantes. Por ejemplo, a menudo se realizaban ofrendas cuando aparecían las primeras frutas y cuando los productos lácteos estaban disponibles después del año nuevo. La fertilidad de la tierra estaba relacionada con la fertilidad de los humanos, y los movimientos del sol y la luna también afectaron el calendario, con sacrificios realizados por solsticios, eclipses e incluso lunas nuevas o llenas. La luna, en particular, tenía una importancia especial para los fenicios porque creían que la luna moría durante cada ciclo y luego resucitaba.

Los rituales y ritos de culto se llevaban a cabo cerca de la naturaleza, y los funcionarios religiosos se aventuraban a las montañas, cerca de los ríos, en los bosques o más allá de las murallas de la ciudad hacia lugares sagrados. Muchas prácticas reflejan leyendas religiosas, incluida la recreación de la quema y resurrección de Melqart. Sin embargo, las acusaciones de sacrificios regulares provocan la mayor ira de las civilizaciones vecinas e incluso del público moderno. Aunque el sacrificio humano es objeto de debate, los fieles mataban corderos, ovejas y animales similares de forma regular. Estos a menudo se quedaron con verduras y otros alimentos.

Cuando se trata de sacrificios humanos, los cuerpos de los bebés nacidos muertos se descubrieron en lugares sagrados, junto con algunos huesos humanos. Los historiadores se dividen en dos opiniones sobre los bebés. O bien fueron venerados de alguna manera por la cultura y se ofrecieron a las deidades porque nacieron muertos, o podrían haber nacido sanos antes de ser asfixiados o estrangulados como sacrificio. Las inscripciones que hacen referencia a estas prácticas parecen indicar que el sacrificio humano ocurrió, pero a menudo era de adultos y solo se realizaba en tiempos de grandes problemas, como una hambruna.

Además de ofrecer animales, comida y, ocasionalmente, seres humanos, los fieles tendían a ofrecer a los dioses y diosas votivas o artículos similares hechos con un propósito religioso y dedicados a las deidades. Algunos ejemplos incluyen pequeñas estatuas de bronce, cuencos, platos, jarras de vino y aceite de oliva y, a veces, esculturas de marfil o piedra. Estos podían darse en ceremonias individuales, pero a menudo se derramaban en masa sobre una deidad durante una fiesta o festival. Los artefactos representan a funcionarios religiosos y mujeres adherentes o bailarinas que llevan votivas a lugares sagrados, y los textos mencionan que hubo fiestas, bailes y otros rituales realizados en los días sagrados. Las mujeres podían ser funcionarios religiosos hasta cierto punto, pero sus libertades estaban limitadas.

En las ciudades, las fiestas rituales tenían una importancia especial y se llevaban a cabo en un marzeh o "lugar de reunión". Cada *marzeh* se desarrolló como un lugar donde amigos y parientes podían reunirse y celebrar mientras se honraba a los antepasados fallecidos. Con el tiempo, el poderoso *marzeh* comenzó a influir en la vida política y comercial de lugares como Tiro, demostrando cómo la religión a menudo se mezclaba con la política y la estructura social en general.

Finalmente, la adivinación y la belomancia jugaron un papel en los resultados de las decisiones políticas y la vida personal. Los adivinos eran funcionarios religiosos especialmente entrenados que buscarían signos o símbolos en la naturaleza y los interpretarían para conocer el resultado de eventos futuros. La belomancia fue una subcategoría de esta práctica que se centró en examinar el vuelo de flechas. Se podían encontrar presagios y portentos en cualquier lugar, incluidos los sueños y las entrañas de los animales. El resultado fue un mundo complejo de rituales, superstición y relaciones políticas que caracterizó a los fenicios durante más de mil años.

Astarte

Astarté era una diosa marginada en el panteón del Cercano Oriente que adquirió una nueva importancia gracias a los fenicios, que la adoraban mucho en Tiro, Sidón y Biblos. Estaba asociada con la fertilidad, la sexualidad y la guerra, y poseía numerosos motivos animales, incluidos el león, la esfinge y la paloma. Además, fue representada con las estrellas y la luna, siendo la luna creciente su símbolo más común. Ella era la hija virgen de un dios del cielo y fue quizás la deidad femenina más representada en los territorios fenicios. A continuación se muestra una estatua de mármol que la representa.

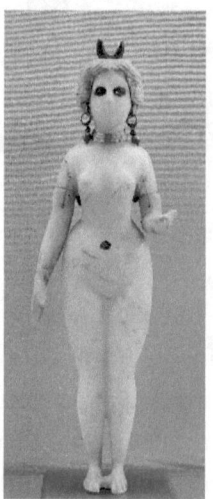

Melqart

Melqart era la deidad principal de Tiro y se creía que era el progenitor de la familia real de Tiro. Su culto se extendió desde el Líbano a España, y los griegos lo asociaron con Heracles y los romanos a Hércules. La mayor parte de la evidencia arqueológica sobre él proviene de templos ubicados en el norte de África y la península ibérica, pero tiende a limitarse a estatuas e inscripciones en sarcófagos.

Melqart se asoció con el mar, el comercio, la nobleza, la realeza y la colonización. Fue el foco central de un festival de resurrección durante un mes que abarcó los actuales febrero y marzo, durante el cual se quemó una efigie de él y luego se resucitó. Esto también le da asociaciones con el fuego, y además se creía que era el fundador del tinte púrpura murex por el que los fenicios se hicieron conocidos.

Se dedicaron templos especiales a Melqart, y un recinto sagrado funcionó como tesoro de la ciudad. Las mujeres, los extranjeros y los cerdos no podían ingresar al recinto, ni siquiera durante los rituales y festivales. Los tres grupos fueron vistos como indignos o inmundos de alguna manera. Parece que se le ofrecieron sacrificios humanos en tiempos de conflicto y estrés. Con el tiempo, a medida que la influencia fenicia disminuyó y los griegos y los romanos comenzaron a volverse más poderosos, Melqart se asoció con Hércules (Heracles para los griegos) y los doce trabajos. Los historiadores debaten si esto tiene connotaciones de lucha libre o si los doce trabajos simbolizan cómo los fenicios se aventuraron por todo el mar Mediterráneo.

Eshmun

Eshmun era el dios de la curación y la principal deidad de Sidón. A diferencia de varios otros dioses, fue adorado en múltiples ciudades-estado debido a su benigno panteón. Poco se sabe de él, excepto que tenía varios templos dedicados e inscripciones que lo representan empuñando un bastón con dos serpientes que podrían haber sido la inspiración para varios símbolos contemporáneos. Está asociado con el dios griego Apolo, aunque algunos lo comparan con el hijo de Apolo, Asclepio.

El más allá

Para los fenicios, la muerte parecía ser un ser sobrenatural genuino que representaba el caos del universo. Después de haber perdido una disputa con las otras deidades, la Muerte, conocida como el dios Mot para los fenicios, fue castigada y su poder se limitó a controlar únicamente a los humanos. Aunque la muerte no era adorada como otros dioses y diosas, los fenicios poseían una relación compleja con la muerte, especialmente en los ritos funerarios. Se requirieron períodos de duelo y lamentación durante un funeral para garantizar un paso seguro al más allá, y la gente se cubría de cenizas, se arrancaba el cabello, gemía y se golpeaba. Se rompían cerámica y estatuillas, y una tumba solo se sellaba con libaciones y oraciones, potencialmente a la muerte misma.

Cuando se trata de la otra vida, pocas fuentes sobreviven que describan las creencias fenicias exactas. La religión no parecía establecer una gran distinción entre el cuerpo y el alma, y los historiadores no han podido determinar si los fenicios creían que les esperaba alguna vida después de la muerte. Los cuerpos se preparaban antes de dejarlos en las tumbas, a menudo envueltos y rociados con aceite perfumado. Las inscripciones sobre las tumbas contienen advertencias sobre visitantes que perturban el sueño eterno de los ocupantes, lo que lleva a algunos a creer que los fenicios creían que las personas, y sus almas, por extensión, dormirían para siempre después de la muerte.

Capítulo 11 – La Guerra

Los pueblos levantinos a menudo lucharon no solo entre sí, sino también con las civilizaciones cercanas en el norte de África y en todo el mar Mediterráneo, incluidos los primeros griegos antiguos. Estas guerras ocurrían por una variedad de razones, pero las justificaciones más comunes fueron la obtención de riqueza comercial, el control de las rutas comerciales, el deseo de recursos naturales locales como la madera o el hierro y las disputas fronterizas. Aunque los fenicios amaban el mar, no eran una excepción a la regla y parecían tener una fuerza militar terrestre también, aunque pocos registros sobreviven de batallas o encuentros. Como las civilizaciones mesopotámicas, las ciudades-estado fenicias consideraban la guerra como una forma de castigo o retribución divina.

Por lo que los historiadores pueden decir, estas ciudades-estado no pudieron reunir grandes ejércitos debido a la falta de amplios recursos territoriales. Si bien Fenicia incluía muchas ciudades-estado en todo el Mediterráneo, no tenían suficiente terreno para formar y mantener un ejército, y tenían un déficit de granos, lo que dificultaba la alimentación de los soldados. En lugar de mantener un ejército permanente, se supone que los fenicios reunían la fuerza civil en tiempos de necesidad y complementaban a las tropas nativas con mercenarios comprados en la cercana Anatolia.

El ejército

Sin una forma de entrenamiento regular, no había estandarización para el soldado fenicio. Los registros indican que los hombres reclutados para luchar traían consigo las herramientas de su propio oficio consideradas más peligrosas en lugar de recibir entrenamiento en armas más importantes como la espada o el arco. Por ejemplo, un cazador que estaba obligado a defender un lugar como Tiro llegaría y lucharía con su propio hacha, arco o honda. Solo si un hombre no tuviera acceso a utensilios como estos, por ejemplo, si fuera un granjero, el gobierno de la ciudad proporcionaría armas como lanzas, espadas, arcos, mazas y escudos pequeños o grandes.

Para el siglo VII a. C., existe evidencia arqueológica adecuada que indica la implementación completa de armas de hierro. Se han encontrado puntas de lanza y espadas cortas en tumbas pobres en lugar de solo en las de los ricos o la nobleza, y se descubrieron grandes cantidades de armas en lugares como Cerdeña. Los fenicios parecían fabricar algunas de sus propias armas, pero lo más probable es que importaran la mayoría de regiones como Anatolia.

Una espada fenicia variaba en longitud, pero la mayoría de las veces medía entre 82 y 130 centímetros (entre un poco más de 32 y 51 pulgadas) con una hoja recta. La hoja era gruesa y triangular en el centro, pero tenía bordes afilados que terminaban en extremos limpios y afilados que podían usarse para cortar. La punta estaba desafilada, por lo que no era posible perforar. Esto indica un estilo de lucha que no incorpora empuje, potencialmente porque los enemigos probablemente usaban alguna versión de malla de placas de hierro que no se podía perforar fácilmente.

Una desafortunada realidad para un soldado fenicio era que estaría bien equipado para una campaña ofensiva, pero carecía de defensa. Además de las espadas, hay evidencia de que las lanzas y mazas están bien hechas con hierro fino y puntas afiladas, pero se ha encontrado poca o ninguna armadura. Los propios fenicios también rara vez representaron a sus soldados con armaduras, cascos, botas, guanteletes u otras necesidades básicas para proteger la persona de posibles daños. Esto resultó en la muerte de muchos ciudadanos reclutados. Se teoriza que los mercenarios de Anatolia estaban mejor equipados y tenían más probabilidades de sobrevivir a un encuentro.

Al igual que otras civilizaciones del antiguo Cercano Oriente, los fenicios hicieron un uso intensivo del arco oriental y, en el año 1200 a. C., existe evidencia significativa de que se adoptó el arco compuesto. Un gran número de arqueros y honderos complementaban a la infantería, a menudo disparando desde la distancia e intentando eliminar a sus contrapartes enemigas. Estos arcos compuestos más antiguos podrían dispararse con una distancia máxima de alrededor de 150 a 200 metros. Cualquier cosa más allá requería mucha fuerza y habilidad, y los arqueros no podrían rastrear objetivos individuales. El diseño del arco oriental era crucial para el disparo rápido, ya que se podía dibujar con varios dedos y el arquero podía sostener varias flechas en la mano para recargar y disparar rápidamente. Debido a que el arco estaba sobre la rodilla, sus tiros eran poderosos y cubrían una gran distancia.

En términos de caballería, los fenicios parecen haber implementado el carro del Cercano Oriente. Los cartagineses, en particular, utilizaron más de 2.000 modelos durante las guerras púnicas. Estos carros estaban hechos de terracota pesada y requerían cuatro caballos para ser operado. Equipos de tres hombres cabalgarían encima, uno conduciendo, otro disparando un arma a distancia y otro equipado con una espada para el combate cuerpo a cuerpo. Se usaron cuchillas afiladas en los cubos de las ruedas para cortar las piernas de los soldados enemigos que se acercaban demasiado, y un par de modelos también tenían cuchillas similares en la parte posterior. Eran armas formidables y requerían un entrenamiento intensivo, lo que significa que los nobles o los soldados de carrera tenían más probabilidades de usar una.

Además de los carros, los cartagineses también usaban elefantes de guerra. La propensión de Cartago a los elefantes es tan conocida que es lo primero que la gente suele recordar de la ciudad-estado, y muchos recuerdan cómo un general, Hannibal Barca, cruzó los traicioneros Alpes con una gran fuerza de elefantes. Incluso programas de televisión famosos como *Los Simpson* hacen referencia al conflicto que se produjo después del cruce de las fuerzas de Hannibal, y los artistas de siglos anteriores quedaron cautivados por la idea de transportar a los magníficos animales a través del mar y hacia las montañas.

Hannibal Barca Atravesando el Rhône, de Henri Motte, 1878

Los elefantes de guerra eran una fuerza muy eficaz. Por un lado, formaban una fuente de intimidación contra las tropas enemigas, que necesitaban lidiar con estas grandes bestias que hacían ruidos de trompeta atronadores, tenían colmillos enormes y podían aplastar a un hombre con los pies. Encima de los elefantes había otra amenaza, ya que los arqueros estaban protegidos dentro de pequeños refugios en la espalda del animal. Estos jinetes tenían arcos y hondas, a menudo con munición con veneno, e intentaban matar a cualquiera que se acercara a las piernas del elefante.

Llevar elefantes al campo de batalla fue un movimiento peligroso. Aunque poderoso, un elefante herido a menudo se volvía contra sus manejadores y necesitaba ser asesinado, momento en el que los jinetes estaban a merced de los soldados enemigos cercanos. Sin embargo, intimidaron ferozmente a los líderes enemigos, incluido Alejandro el Grande. Cuando se encontró por primera vez con el elefante de guerra indio durante su conquista de Mesopotamia en el siglo IV a. C., se sorprendió tanto que hizo un sacrificio al "Dios del Miedo" (Fobos) la noche antes de la batalla de Gaugamela.

Fortificaciones, muros y otras defensas de la ciudad

Debido a que su civilización consistía en poderosas ciudades-estado, los fenicios gastaron una gran cantidad de tiempo y dinero para fortalecerlos de asedios y asaltos directos. La necesidad de murallas se vio reforzada por el hecho de que cada ciudad también constaba de grandes centros comerciales con dinero en efectivo, bienes y objetos de valor que los comerciantes almacenaban en sus casas y almacenes. Fenicia y sus territorios siempre estuvieron bajo amenaza de ataque, y la ubicación de las ciudades-estado centrales no ayudó.

Mientras que otras civilizaciones como Egipto tenían la ventaja de estar al sur de la mayor parte del Levante, o Grecia que estaba al otro lado del mar Mediterráneo, la mayoría de los fenicios vivían justo en el centro de las rutas terrestres que conectaban el mundo mediterráneo con las fértiles tierras de Asia Occidental. Como tal, numerosos señores de la guerra se esforzaron por tomar el territorio para controlar las rutas de comercio y transporte, incluido Alejandro el Grande en el 330 a. C.

Cuando aparecieron por primera vez, las murallas y otras fortificaciones no rodeaban toda la ciudad y, en cambio, se utilizaron para evitar que el ganado se convirtiera en presa de animales salvajes y cazadores furtivos sin escrúpulos. Algunas también sirvieron como protección contra inundaciones repentinas, que eran capaces de arrasar todo un sector residencial con una inmensa agua aplastante. Con el tiempo, las paredes de adobe dieron paso a variantes de piedra genuinas y se convirtieron en un símbolo de riqueza y poder.

El muro estándar constaba de cimientos que eran en parte de ladrillo y en parte de arcilla. Los parapetos estaban hechos de ladrillo, mientras que la piedra se usaba para defender los puntos clave. Se construyeron puertas en las paredes para permitir el movimiento regular de personas, y las murallas eran necesarias para sostener a un gran número de arqueros. Cuando era posible, los fenicios preferían retirarse a sus ciudades y disparar a los enemigos desde lejos, lo que reducía las bajas y beneficiaba a la población. Durante la Baja Edad del Hierro, los fenicios implementaron nuevas tecnologías de construcción como el cemento de yeso para fortificaciones y la implementación de zanjas defensivas para que cayeran los caballos.

Si bien los muros eran efectivos contra los asedios, también generaban un exceso de confianza, y los fenicios solo disfrutaron de un breve período de paz antes de convertirse en vasallos de civilizaciones más grandes y poderosas. En particular, el caso de Tiro contra Alejandro el Grande demuestra cómo depositar demasiada confianza en las fortificaciones puede resultar en que una ciudad entera sea sitiada, incendiada y luego saqueada. Sin embargo, si este es el mejor ejemplo o no, se reduce a si uno cree o no que Alejandro el Grande es un ejemplo brillante de un conquistador habitual.

En la Marina

Aunque los fenicios participaron en la guerra terrestre, realmente su elemento era el agua. La civilización comenzó su patrón de exploración del mar en una serie de torpes balsas, pero finalmente se convirtió en embarcaciones con casco basadas en modelos asirios y el *penteconter*, una galera que se remaba con cincuenta pares de remos. Después de estos desarrollos, vino una expansión en el comercio exterior y el eventual desarrollo del buque de guerra, que era independiente de los buques mercantes estándar, pero podía funcionar como uno si fuera necesario.

El buque de guerra fenicio avanzó significativamente desde el siglo VIII hasta el siglo V a. C. Se propulsaban gracias a dos líneas de remeros y contaban con arietes con puntas metálicas que podrían usarse para aplastar barcos enemigos y causar graves daños en el casco. Los arqueros se alineaban en la cubierta y disparaban a los enemigos cuando el buque de guerra se acercaba a otras galeras, y era necesario intentar romper los remos del oponente para que no pudieran remar o maniobrar normalmente.

A diferencia de los buques modernos, los buques de guerra antiguos enfatizaban la maniobrabilidad y la velocidad. Los buques de guerra fenicios presentaban cascos huecos que aseguraban que cada buque fuese rápido y ligero, pero esto significaba que los impactos de un ariete enemigo podrían ser mortales. Al igual que los barcos comerciales, el buque de guerra estándar se construyó con maderas de resina dura, como ciprés, roble y cedro, para resistir mejor el impacto. Los componentes interiores no esenciales podrían estar hechos de madera blanda, y la carcasa se construyó primero. Todo recibía un revestimiento impermeable, y algunos barcos de guerra también podrían haber sido tratados para resistir el fuego.

Durante la batalla de Salamina en 480 a. C., los registros históricos indican que 300 buques de guerra fenicios estuvieron involucrados en el conflicto. Estos barcos llevaban un total de 30.000 marineros, lo que significa que un solo barco podía contener a 100 personas. Muchos de estos hombres se habrían pasado el tiempo remando, mientras que otros manejaban velas o disparaban a los enemigos.

Aproximadamente en el 700 a. C., los griegos adoptaron el trirreme de los fenicios. El trirreme tenía tres hileras de remos que aseguraban un movimiento más rápido, aunque el barco era más pesado que el birreme, o un barco con dos filas. En relación con el trirreme griego, el trirreme fenicio tenía una cubierta elevada, usaba un ariete más largo e incluía amuletos o mascarones de proa de protección diseñados para mantener a los marineros a salvo mediante la supervisión de los dioses. Cerca de los amuletos estaban los ojos apotropaicos, que pretendían ser un amuleto contra la desgracia, pero también un símbolo que permitiera al barco "ver" mientras navegaba.[10]

Relieve de un buque de guerra fenicio, c. 700 a. C.

El trirreme fenicio fue considerado el barco más avanzado y poderoso del antiguo mundo mediterráneo, y civilizaciones como la griega y la egipcia escribieron extensamente sobre la superioridad de los buques de guerra y marineros de Fenicia. Debido a que las ciudades-estado dependían tanto de la guerra naval, no debería sorprender que se labraran un nombre en los mares. Sin embargo, una de las principales razones por las que los barcos fenicios sobrevivieron tanto tiempo fue su mantenimiento regular.

---

[10] La magia apotropaica es una forma que pretende prevenir el daño y alejar las influencias malignas. La forma más común vista en las culturas occidentales modernas es el mal de ojo, diseñado para evitar que la desgracia caiga sobre quien lo usa.

Los fenicios poseían una vista única de sus barcos, a menudo considerándolos entidades vivientes que estaban bajo la protección de los Cabiri. Los cabiri eran deidades ctónicas que podían apaciguarse mediante sacrificios de sangre y que protegerían a los marineros y a otras personas a bordo del barco una vez que estuvieran satisfechos. Sin embargo, la naturaleza exacta de cuánto sacrificaron los fenicios a estos dioses es un tema de debate. Los historiadores griegos y romanos aludieron a la práctica, pero al igual que las acusaciones dirigidas contra los cananeos, esta información debe tomarse con precauciones.

Un historiador romano, Valerius Maximus, dice que el lanzamiento de los buques de guerra cartagineses implicó una ceremonia brutal en la que los prisioneros fueron capturados, atados al agua y luego aplastados por el casco de un buque de guerra para que sus cráneos se rompieran y la sangre salpique contra la madera. La sangre de los cautivos estaba destinada a asegurar la victoria y el paso seguro de los marineros y soldados. Como Cartago era una de las ciudades-estado fenicias, los historiadores antiguos atribuyen esta brutalidad a la civilización en su conjunto. Sin embargo, los historiadores modernos creen que esta es una exageración diseñada para difamar al enemigo.

Capítulo 12 – Arte en Múltiples Medios

El arte fenicio abarca numerosos medios que evolucionaron a lo largo de mil años, dando como resultado piezas creativas que combinaron símbolos culturales con desarrollos tecnológicos. El público contemporáneo está familiarizado con piezas de los egipcios, griegos y romanos, pero en el antiguo mundo mediterráneo, fueron los fenicios quienes eran considerados los artistas más hábiles. Los artesanos y las mujeres fueron elogiados por sus capacidades, especialmente cuando se trataba de tintes, textiles y marfil. El monopolio que los fenicios poseían sobre el lujoso tinte púrpura significaba que los artistas fenicios podían dar a su trabajo un color distintivo, y su capacidad para moverse rápidamente a través del mar significaba que las mercancías podían transportarse de manera simple y sencilla.

Historiadores y escritores como Homero adoraban a los fenicios y escribieron pasajes como:

... Un cuenco de plata ricamente labrado; Tenía seis medidas, y en belleza era, con mucho, el más hermoso de toda la tierra, ya que los sidonios, muy hábiles en la hábil obra, lo habían trabajado con astucia, y los fenicios lo llevaron sobre las turbias profundidades y lo desembarcaron en el puerto..."[11]

Sin embargo, las comunidades artísticas modernas están menos que satisfechas con el trabajo de los fenicios. Las principales críticas a los fenicios son que los motivos, símbolos e imágenes de sus piezas fueron, en última instancia, tomadas de otras culturas y civilizaciones y luego mezcladas en un guiso de mezcolanza servido al resto del Mediterráneo. Es de gran importancia que muchos de los símbolos prestados se utilizaron incorrectamente y se colocaron en situaciones en las que no tenían ningún sentido; en cambio, solo se usaron porque la apariencia era estéticamente agradable. Algunos historiadores argumentan en contra de esta crítica, alegando que la combinación de múltiples elementos muestra en última instancia la habilidad y creatividad fenicia.

En última instancia, el hecho de que el arte fenicio sea especial o digno de estudio depende de las preferencias individuales. Es difícil identificar las características que podrían considerarse definitorias de la colección fenicia en general, pero Woolmer lo expresa mejor cuando señala: "... la característica principal del arte fenicio es su eclecticismo".[12]

Les encantaba adoptar los estilos de Egipto, Asiria, Anatolia y Siria y traducir el simbolismo preexistente a nuevos medios. Los fenicios lo hicieron en tal medida que los historiadores del arte antiguo decidieron dividir las obras de arte fenicias en categorías según la civilización que parecían emular más las piezas. En la actualidad existen cuatro:

Asirianización: este es un estilo en el que los fenicios copiaron elementos de la cultura asiria e hitita, por lo general utilizando imágenes como esfinges, leones, sellos asirios y moda asiria. Las

---

[11] Iliad 23.740.
[12] Woolmer, *Ancient Phoenicia*, p. 112.

características de la religión mesopotámica también estuvieron presentes.

Cipro-fenicio: este es un conjunto de obras de arte que se encuentran solo en Chipre y que utilizan únicamente elementos asirios en lugar de combinarse con la cultura egipcia, que se volvió común durante la expansión mediterránea más amplia.

Egiptización: Se considera que gran parte del arte fenicio es egipcio o que ha copiado imágenes egipcias comunes como discos solares, esfinges sin alas y la moda egipcia. Se hizo tan popular que Chipre se distinguió por aferrarse a la cultura asiria en lugar de adoptar elementos egipcios.

Sirianización: los fenicios copiaron los estilos artísticos sirios, representando a personas con vestimenta y perfil sirios, pero conservando elementos egipcios. La principal diferencia entre la obra de arte fenicia sirianizada y el trabajo sirio regular era que los sirios atraían a personas mirando hacia adelante con rasgos faciales más distintos.

Esta mezcla de estilos y simbolismo ha sido conocida por historiadores y arqueólogos durante siglos, y un comentarista escribió en el New York Times en 1879:

Entraron en las labores de otros hombres y aprovecharon la mayor parte de su herencia. La Esfinge de Egipto se volvió asiática, y su nueva forma fue trasplantada a Nínive por un lado y a Grecia por el otro. Las rosetas y otros patrones de los cilindros babilónicos se introdujeron en la obra de Fenicia, y así pasaron a Occidente, mientras que el héroe de la antigua epopeya caldea se convirtió primero en el Melkarth tirio y luego en el Heracles de Hellas.[13]

La mayor parte de la información que poseen los historiadores sobre las obras de arte fenicias proviene de ajuares funerarios o de elementos que fueron enterrados con sus dueños. Estos bienes se

---

[13] "Phoenician Art" (PDF). *The New York Times*. 1879-01-05. Retrieved August 22nd, 2019.

entregaron como signos del respeto de una persona hacia el difunto o para representar la riqueza de los enterrados, y podían consistir en una amplia gama de objetos como cuencos, platos, joyas, estatuillas pequeñas, escarabajos de protección, espejos, cajas de marfil, navajas y máscaras de terracota. Los historiadores creen que el arte funerario constituyó una gran parte del trabajo artesanal, aunque muchos artículos también se hicieron por razones estéticas.

Al examinar el arte fenicio, los eruditos deben asumir la realidad de que muchos edificios y documentos en papiro se han perdido en el tiempo. De lo que nos queda, los objetos materiales más prevalentes son las máscaras de terracota, artículos de metal, esculturas de marfil y piedra y textiles. Si bien los artesanos también trabajaron mucho con el vidrio y la loza, los fenicios preferían enviar vidrio como materia prima, pero conservaban algunos para producir joyas y pequeñas votivas.

Terracota

Los objetos de terracota son cerámicas de arcilla con un distintivo tono marrón rojizo. A diferencia de la producida por las civilizaciones vecinas, la terracota producida por los fenicios estaba destinada al uso doméstico y, por lo tanto, contenía más elementos del arte popular tradicional. Las líneas eran más toscas, más exageradas. La creación más común era una máscara que se podía usar con fines religiosos. Estas máscaras variaban, pero la mayoría poseían expresiones dramáticas, sonrisas retorcidas y rasgos alargados.

Existe evidencia que sugiere que las máscaras fueron pintadas con colores vibrantes después de ser marcadas para indicar dónde irían las pinturas. Las máscaras fueron usadas por personas de todas las edades, incluidos los niños. Aquellos que entraban en la adolescencia y, por lo tanto, llegaban a la edad adulta tenían ceremonias para usar durante los rituales, ritos y bailes de iniciación. Aunque las primeras máscaras fueron hechas a mano, los modelos más nuevos muestran signos de haber sido producidos en masa a partir de plantillas.

Además de las máscaras, los fenicios también crearon estatuillas de dioses y diosas predilectos. En una colonia, los arqueólogos descubrieron cientos de figurillas de una diosa favorita que habían sido elaboradas con un molde, lo que indica que estas estatuillas eran populares fuera de las ciudades centrales. Las máscaras, por otro lado, se limitaron a las regiones del Líbano y Medio Oriente y no se encuentran a menudo en otras costas del Mediterráneo.

Los objetos de terracota se dividen en tres categorías: los que fueron hechos a mano, los que se hilaron en una rueda y los que se hicieron con un molde. En general, las ofrendas hechas a mano son más toscas y tienden a ubicarse en las tumbas de los pobres. También es mucho más probable que estos artículos fuesen artículos básicos como ollas, tazas y platos que estatuillas. Los productos hechos en una rueda son más uniformes, mientras que los hechos en un molde tendían a ser pequeñas ofrendas votivas entregadas a las deidades durante las ceremonias religiosas. La figura más común descubierta es la de una mujer que sostiene sus senos, tal vez representando a Astarté. El segundo es una mujer embarazada con la mano en el estómago, que simboliza la fertilidad.

Metalurgia

Los fenicios desarrollaron una reputación excepcional por sus capacidades para trabajar los metales, con cuencos de metal que aparecieron en toda la región del Mediterráneo. Estos cuencos presentaban diseños intrincados, como esfinges aladas, y sintetizaban numerosos estilos y símbolos culturales. Los arqueólogos fechan la metalurgia fenicia en un lapso de 800 años, aunque los mejores ejemplos surgieron entre el 900 y el 700 a. C. Todos los cuencos poseían un medallón central circular con otras escenas y diseños colocados más allá de los círculos concéntricos que rodeaban el centro.

Los cuencos de metal fenicios eran poco profundos y representaban principalmente imágenes egipcias y asirias, y algunos modelos incluso mostraban a un faraón egipcio golpeando a las civilizaciones cercanas. Otros elementos comunes eran los duelos, las escenas religiosas, la naturaleza, los animales y las criaturas mitológicas: la esfinge era, nuevamente, una de las favoritas. La aleación de cobre era el metal preferido, pero algunos estaban hechos de plata y oro, con nombres personales inscritos en el interior, lo que potencialmente revelaba a los propietarios de estos finos artículos.

Los fenicios heredaron el conocimiento de la metalurgia del bronce de sus antepasados en el Levante, y rápidamente adoptaron el trabajo del hierro y las habilidades para trabajar con metales preciosos. La mayoría de los cuencos producidos parecen tener un propósito religioso, tal vez para hacer libaciones debido a su naturaleza superficial. Los arqueólogos teorizan que los platos más comunes estarían hechos de terracota o arcilla endurecida. Sin embargo, una característica interesante de muchos de los cuencos es que, si bien muestran características y símbolos egipcios, estos símbolos en realidad no tienen ningún sentido. No estaban destinados a una audiencia egipcia, pero lo más probable es que se enviaran como artículos turísticos a ciudades y civilizaciones de Europa y Asia.

Otros artículos de bronce que fueron populares son las navajas de afeitar y las figurillas. Las navajas de bronce eran comunes en los territorios occidentales como Cartago y comúnmente figuraban en los bienes funerarios. Es probable que la navaja haya sido enterrada con el propietario como un artículo profundamente personal, ya que se habría utilizado con regularidad. Las navajas se consideraban un artículo masculino, mientras que los espejos y peines de bronce eran más femeninos. Las figurillas servían como ofrendas votivas para ceremonias religiosas y típicamente representaban a diosas vestidas de Egipto con la mano extendida como gesto de bienvenida u ofrenda.[14]

---

[14] Continúa el debate sobre si estas estatuas son masculinas o femeninas, y la mayoría de los arqueólogos creen que las estatuas son de naturaleza femenina.

Esculturas de marfil y piedra

Los fenicios fueron una de las primeras culturas del Levante en adquirir marfil en cantidad suficiente para producir obras de arte. El marfil formó una parte integral de la obra de arte en el mundo antiguo, y los fenicios aumentaron rápidamente la demanda al crear exquisitas esculturas e imágenes que se vendieron en todo el Cercano Oriente y África. El marfil procedía de ciudades-estado y colonias del norte de África, donde había una población de elefantes adecuada para suministrar el material. Se han descubierto objetos de marfil fenicio en toda la costa levantina y en Irak, Italia, Grecia y en numerosas islas del Mediterráneo.

Las esculturas y artefactos de marfil se pueden dividir entre grandes y pequeños. La mayoría de los objetos grandes descubiertos provienen del 900 al 800 a. C. e incluyen principalmente paneles de muebles para mesas, camas, sillas, taburetes e incluso tronos. Estos paneles fueron diseñados para formar motivos decorativos cuando se instalaron correctamente y aparecieron en artículos con filigrana de oro, pasta de vidrio de colores e incluso gemas preciosas y semipreciosas.

Los objetos más pequeños son mucho más numerosos. El marfil era un material popular para artículos de tocador como peines y espejos. Otro elemento que se encuentra con frecuencia es la caja de marfil, que era lo suficientemente pequeña como para contener las joyas y los adornos de alguien. Algunos historiadores creen que estas piezas más pequeñas se hicieron a partir de los restos producidos por la creación de objetos más grandes. Esta suposición se basa en el hecho de que los colmillos de elefante se transportaron desde el norte de Siria y eran más fáciles de trabajar y dar forma cuando se dejaban en una sola pieza. Los paneles de muebles largos también muestran evidencia de estar tallados en una sola pieza.

La escultura de piedra no disfrutó del éxito que tuvieron muchos otros materiales. Aunque la piedra era accesible en las ciudades-estado costeras y las colonias, los artesanos no se centraron en esta sustancia. Las únicas veces que apareció la piedra fueron los relieves de las paredes y los sarcófagos, piezas de gran tamaño que aprovechaban las piedras preexistentes que requerían poca forma. En cambio, los artesanos trabajaron a través del tallado y no desarrollaron muchas esculturas o estatuas de piedra independientes. Los fabricantes producían ataúdes de piedra con contornos masculinos o femeninos en la parte superior para indicar al ocupante, y también se desarrollaron lápidas con este material.

El sarcófago de piedra del rey Ahiram de Byblos, c. 1000 AEC

Textiles

Aunque pocos textiles sobrevivieron al paso del tiempo, los fenicios tenían la reputación de crear algunas de las telas más finas y ricamente teñidas utilizando algodón, lana y lino locales. Estos estaban bien tejidos y usaban el tinte púrpura murex característico por el que la civilización era famosa. Los textiles fueron transportados por barco por todo el Mediterráneo e incluso aparecieron en los textos religiosos abrahámicos modernos. Desafortunadamente, hoy en día no se conserva ni una pizca de ese tejido.

Conclusión: el legado de los fenicios

Aunque las arenas del tiempo se llevaron gran parte de la historia de los fenicios, el legado de esta civilización perdura gracias a los efectos de su cultura, educación y extensas redes comerciales. Uno de los efectos más significativos fue la tendencia del uso de alfabetos en todo el Mediterráneo para mejorar la alfabetización no solo de los sacerdotes jerárquicos, sino también de los comerciantes, comerciantes y artesanos influyentes. También reabrieron las rutas comerciales del Mediterráneo Oriental que habían caído durante el Colapso de la Edad del Bronce, conectando así a los griegos, romanos, anatolios y cartagineses con las civilizaciones egipcia y mesopotámica. Tal acto eventualmente conduciría a la "orientalización" del arte griego, o la implementación de elementos más orientales en murales y esculturas.

Cuando se trata de política, los fenicios fueron uno de los primeros desarrolladores de una estructura social oligárquica con raíces en la democracia. Esto fue ejemplificado por la capacidad de las ciudades-estado para tener comerciantes influyentes que no eran necesariamente miembros de la realeza o nobles, pero que aún podían ejercer su voluntad sobre estructuras tradicionalmente jerárquicas. Algunos historiadores creen que los fenicios inspirarían la revolución ateniense griega y el desarrollo de un gobierno constitucional griego. Continuando con la influencia en Grecia, muchos historiadores creen que Zenón de Citium, el fundador de la famosa escuela de filosofía conocida como estoicismo, era fenicio.

Por supuesto, hubo otros resultados importantes, especialmente relacionadas con el desarrollo de la tecnología militar y naval y los avances que fueron copiados o transmitidos a los griegos, romanos y etruscos. Aunque los fenicios obtuvieron pocas grandes victorias militares, demostraron el poder de la moneda dominando a sus vecinos con estrangulamientos financieros. Se podría decir que demostraron que la pluma puede ser más poderosa que la espada, pero la moneda pesa más que todas.

Si bien estos pueden parecer insignificantes para el individuo promedio que vive en la sociedad contemporánea, los fenicios ayudaron a establecer elementos de las culturas occidental y oriental al restablecer el contacto entre civilizaciones después del Colapso de la Edad del Bronce. Si se hubiera permitido que el contacto se desvaneciera, los humanos modernos habrían perdido miles de años de intercambio cultural y comercio internacional, lo que significa que la rica historia mediterránea de simbolismo e intercambio podría no haber ocurrido nunca o habría sucedido de una manera completamente diferente. ¿Cuántas personas disfrutan de avances como el judaísmo y el cristianismo en Occidente, y elementos de la guerra moderna como armas a distancia en Oriente? ¿Qué pasa con la ropa morada? ¿Matemáticas? ¿Civilización democrática?

Sin los fenicios para cerrar la brecha entre Oriente y Occidente, quién sabe cuándo las civilizaciones se habrían unido una vez más para compartir la cultura y los avances científicos. Si bien el Mediterráneo puede haber estado en guerra, el comercio fomentó conexiones profundas y aseguró que los avances pudieran compartirse en los continentes asiático, europeo y africano.

Vea más libros escritos por Captivating History

Bibliografía

Barnett, Richard D. "Phoenicia and the Ivory Trade". *Archaeology* 9, no. 2 (1956): 87-97.

Bikai, Patricia M. "The Phoenicians: A Bibliography". *Bulletin of the American Schools of Oriental Research*, no. 279 (1990): 65-66.

Chaney, William R. and Basbous, Malek. "The Cedars of Lebanon: Witnesses of History". *Economic Botany* 32, no. 2 (1978): 118-123.

Elayi, Josette. *A monetary and political history of the Phoenician city of Byblos in the fifth and fourth centuries BCE.* Winona Lake: Eisenbrauns, 2014.

Elayi, Josette. *The History of Phoenicia.* Lockwood Press, 2018.

Ercolani, Andrea and Xella, Paolo. *Encyclopedic Dictionary of Phoenician culture.* Peeters Publishing, 2018.

Martin, Rebecca S. *The art of contact: comparative approaches to Greek and Phoenician art.* Philadelphia: University of Pennsylvania Press, 2017.

Moreno Garcia, Juan Carlos. *Dynamics of production in the Ancient Near East: 1300-500 BC.* Philadelphia: Oxbow Books, 2016.

Peckham, J. Brian. *Phoenicia: Episodes and Anecdotes from the Ancient Mediterranean.* Eisenbrauns Publishing, 2014.

Sherratt, Susan. "Greeks and Phoenicians: Perception of Trade and Traders in the Early First Millennium BC". In *Social Archaeologies of Trade and Exchange: Exploring Relationships Among People, Places, and Things* by Alexander A. Bauer, Anna S. Agbe-Davies, and Robert W. Preucel, p. 119-142. Walnut Creek: Left Coast Press, 2010.

Woolmer, Mark. *A Short History of the Phoenicians.* New York: I. B. Tauris, 2017.

Woolmer, Mark. *Ancient Phoenicia: An Introduction.* London: Bristol Classic Press, 2011.

www.ingramcontent.com/pod-product-compliance
Lightning Source LLC
LaVergne TN
LVHW041643060526
838200LV00040B/1693